Samuels Weg zurück

ALEXANDER ARMIN

INHALTSVERZEICHNIS

1
Ein Leben in der Stille

1.1 Die Träume eines stillen Jungen

Samuel war immer der ruhige Junge in der Klasse, der nie im Mittelpunkt stehen wollte. Er zeichnete sich durch seine Zielstrebigkeit aus und erzielte stets die besten Noten. Sein Traum war es, an Harvard zu studieren, vielleicht mit einem Stipendium, und ein Leben zu führen, das ihn weit über die Grenzen seiner kleinen Stadt hinausführen würde. Doch hinter seiner stillen Fassade verbarg sich eine innere Welt voller unerfüllter Wünsche und unbekannter Gefühle.

In der Schule galt Samuel als Vorbild. Lehrer lobten seine Disziplin und seinen Fleiß, und viele Mitschüler suchten seinen Rat. Trotz seiner Hilfsbereitschaft fühlte er sich zunehmend isoliert. Die Erwartungen, die an ihn gestellt wurden, lasteten schwer auf seinen Schultern. Während seine Klassenkameraden von Partys und Freundschaften sprachen, war Samuel oft in Gedanken versunken, gefangen in einer Spirale aus Selbstzweifeln und unerfüllten Sehnsüchten.

Die Vorstellung, eines Tages an einer renommierten Universität zu studieren, war für Samuel ein Lichtblick in seiner grauen Realität. Er stellte sich vor, durch die Hallen von Harvard zu gehen, umgeben von Gleichgesinnten mit großen Träumen. Doch je näher dieser Traum rückte, desto mehr wuchs die Angst, ihn nicht verwirklichen zu können. Diese innere Zerrissenheit wurde durch die plötzliche Krankheit seines Vaters verstärkt. Samuel hatte nie wirklich verstanden, was es bedeutete, jemanden zu verlieren, bis der Tag kam, an dem er es selbst erleben musste.

Der Tod seines Vaters brachte sein Leben aus der Bahn. Die vertraute Welt zerbrach in einem Augenblick. Die Tage, die zuvor klar und strukturiert waren, verschwammen in einem Nebel aus Trauer und Verwirrung. Samuel fand sich in einem emotionalen Chaos wieder, in dem die Stimmen seiner Mutter und die besorgten Worte seiner Lehrer an ihm abprallten. Sie konnten nicht verstehen, was in ihm vorging. Er fühlte sich allein, gefangen in einem Sturm aus Wut und Schmerz, den er nicht ausdrücken konnte.

In dieser Zeit der inneren Unruhe zog sich Samuel zurück. Seine schulischen Leistungen litten, und die Lehrer sprachen von Rückgang und Disziplinlosigkeit. Doch Samuel war nicht ungehorsam; er war verloren. Die Trauer um seinen Vater hatte ihn in eine Dunkelheit gezogen, aus der es kein Entkommen zu geben schien. Er wollte schreien, wollte, dass jemand ihn hörte, doch die Worte blieben ihm im Hals stecken. Stattdessen versuchte er, seine innere Leere mit Stille zu füllen, in der Hoffnung, dass sie ihn vor dem Schmerz schützen würde.

Doch die Stille bot keinen Schutz. Sie wurde zur Gefangenschaft. In den Nächten, wenn die Welt um ihn herum schlief, wurde sein Kopf zum Schauplatz eines unaufhörlichen Kampfes. Gedanken und Erinnerungen an seinen Vater überfluteten ihn, und die Einsamkeit wurde unerträglich. Samuel wusste nicht, wie er mit diesen Gefühlen umgehen sollte. Er fühlte sich wie ein Schatten seiner selbst, unfähig, die Kontrolle über sein Leben zurückzugewinnen.

In einem verzweifelten Versuch, etwas zu verändern, beging Samuel einen Fehler: Er stahl ein iPhone. Dieser impulsive Akt brachte ihn nicht nur in Schwierigkeiten, sondern verstreute auch die Scherben seiner Zukunft weiter. Der Moment des Diebstahls war ein Wendepunkt, der ihn vor die Wahl stellte, sich zu öffnen oder weiterhin in seiner Stille zu verharren. Als die Polizei verständigt wurde und die Konsequenzen seines Handelns drohten, erhielt er eine letzte Chance: Statt einer Strafe sollte er zehn Stunden Therapie machen.

Die Therapie stellte für Samuel eine große Herausforderung dar. Er hatte nie gelernt, über seine Gefühle zu sprechen oder sie zu teilen. Doch die Begegnung mit Dr. Henderson, einem Therapeuten, der keine Fragen stellte, sondern ein Schachbrett aufstellte, sollte alles verändern. "Du musst nicht reden", sagte Dr. Henderson. "Spiel einfach." In diesem Spiel, Zug um Zug, begann Samuel, wieder zu fühlen und sich mit seiner inneren Welt auseinanderzusetzen. Diese ersten Schritte in die Therapie waren der Beginn eines langen und oft schmerzhaften Weges, der ihn letztendlich zu sich selbst führen sollte.

Die Reise war alles andere als geradlinig. Sie war geprägt von Rückschlägen, Wutanfällen und Tränen, aber auch von Hoffnung. Samuel lernte, dass manchmal kleine Gesten – wie eine ruhige Partie Schach oder ein ehrlicher Blick – mehr bewirken können als große Worte. In den kommenden Kapiteln wird Samuel lernen, mit seinem Schmerz umzugehen, die Wahrheit über seinen Vater zu akzeptieren und schließlich den Weg zurückzufinden, den er verloren glaubte.

1.2 Der plötzliche Verlust

Der Verlust eines geliebten Menschen kann das Leben eines Jugendlichen erschüttern und in eine tiefe Krise stürzen. Für Samuel war der unerwartete Tod seines Vaters nicht nur ein schockierendes Ereignis, sondern auch der Beginn einer emotionalen Achterbahnfahrt, die ihn in die dunkelsten Tiefen seiner Seele führte. In dem Moment, als die Nachricht ihn erreichte, schien die Zeit stillzustehen. Die tröstenden Worte seiner Mutter prallten an der Wand seiner Wut ab, während er sich in der Einsamkeit seines Schmerzes versteckte.

Trauer ist eine vielschichtige Emotion, die oft mit einem Gefühl der Isolation einhergeht. Laut einer Studie der American Psychological Association (APA) aus dem Jahr 2023 fühlen sich 70% der Trauernden in den ersten Monaten nach einem Verlust von ihrer Umgebung entfremdet (Smith, 2023). Samuel war keine Ausnahme. Er fühlte sich wie ein Schatten seiner selbst, gefangen in einem emotionalen Labyrinth, aus dem es kein Entkommen zu geben schien. Seine Lehrer bemerkten seinen Rückgang in der Schule und sprachen von Disziplinlosigkeit, doch sie konnten nicht ahnen, dass hinter seinem Verhalten ein tiefes, unergründliches Meer aus Schmerz und Verwirrung lag.

In der Stille seines Zimmers, umgeben von Erinnerungen an seinen Vater, wurde Samuel von Gedanken über seine eigene Zukunft geplagt. Er hatte immer davon geträumt, Harvard zu besuchen und ein Leben voller Möglichkeiten zu führen. Doch jetzt schien dieser Traum unerreichbar. Die Tage verschwammen, und die Nächte wurden von quälenden Gedanken durchzogen, die ihm den Schlaf raubten. Die Trauer hatte sich wie ein dunkler Schleier über sein Leben gelegt, und jeder Versuch, sich zu befreien, endete in einem weiteren Rückschlag.

Die Einsamkeit, die Samuel empfand, war überwältigend. Er zog sich von seinen Freunden zurück, die nicht wussten, wie sie ihm helfen konnten. Diese Isolation verstärkte seine Wut und seinen Schmerz und zog ihn immer tiefer in die Dunkelheit. Studien zeigen, dass Jugendliche in Trauer oft Schwierigkeiten haben, ihre Emotionen auszudrücken. Eine Umfrage des National Institute of Mental Health (NIMH) aus dem Jahr 2023 ergab, dass 60% der Jugendlichen, die einen Verlust erlitten haben, sich nicht in der Lage fühlen, über ihre Gefühle zu sprechen (Johnson, 2023). Samuel war einer von ihnen.

Seine Mutter, verzweifelt und hilflos, versuchte, ihn zu erreichen. Sie sprach von gemeinsamen Erinnerungen, von der Liebe, die sie teilten, und von der Stärke, die sie zusammen aufbringen mussten. Doch ihre Worte verhallten in der Kluft zwischen ihnen. Samuel war nicht bereit zuzuhören. Gefangen in seinem eigenen Schmerz, konnte er die Hand, die ihm angeboten wurde, nicht ergreifen. In diesen Momenten der Trauer und Wut fühlte es sich an, als wäre er in einem Sturm gefangen, der ihn immer weiter von der Küste der Normalität wegtrieb.

Die Lehrer, die sich um ihn sorgten, sahen nur die Oberfläche. Sie bemerkten die nachlassenden Noten und das Desinteresse, doch sie erkannten nicht, dass Samuel in einem inneren Kampf war, der weit über die Schulbank hinausging. Ihre Versuche, ihn zu unterstützen, wurden oft als Kritik wahrgenommen, was die Kluft zwischen Samuel und seiner Umgebung nur vergrößerte. Es ist eine traurige Realität, dass viele Jugendliche in Krisensituationen nicht die Unterstützung erhalten, die sie benötigen, weil ihre Mitmenschen die Tiefe ihres Schmerzes nicht verstehen.

Inmitten dieser emotionalen Turbulenzen geschah etwas Unerwartetes: Samuel griff zu einem iPhone, das nicht ihm gehörte. Ein impulsiver Diebstahl, geboren aus einem verzweifelten Bedürfnis nach Kontrolle und Aufmerksamkeit. In diesem Moment der Rebellion hoffte er, dass sich etwas in seinem Leben ändern könnte. Doch die Konsequenzen waren gravierend. Er wurde erwischt, und die Polizei wurde verständigt. Ein einziger Moment, der seine gesamte Zukunft auf den Kopf stellte.

Die nächsten Schritte schienen klar: eine Strafe, die ihn weiter in die Isolation treiben würde. Doch dann kam die Wendung – eine letzte Chance in Form von zehn Stunden Therapie. Ein Angebot, das ihm die Möglichkeit gab, sich zu öffnen und über seinen Schmerz zu sprechen. Doch Samuel war noch nicht bereit dazu. Die Worte blieben ihm im Hals stecken, während er sich weiterhin in der Dunkelheit versteckte.

So stehen wir am Anfang eines neuen Kapitels in Samuels Leben, einem Kapitel, das von der Suche nach Heilung geprägt sein wird. Die Herausforderungen, die vor ihm liegen, sind groß, aber die Hoffnung auf Veränderung beginnt leise zu flüstern. Im nächsten Abschnitt werden wir sehen, wie Samuel mit Dr. Henderson in Kontakt tritt und eine unerwartete Verbindung findet, die ihm helfen könnte, den Weg zurück ins Licht zu finden.

1.3 Die ersten Anzeichen der Wut

Die Tage verschwimmen, während die Nächte in Samuels Kopf laut werden. In dieser Phase seines Lebens, geprägt von Verlust und Schmerz, beginnt er, sich gegen die Welt zu wehren. Seine innere Unruhe zeigt sich in einem Rückzug, der ihn zunehmend von den Menschen um ihn herum isoliert. Diese Isolation ist nicht nur eine Flucht vor der Realität, sondern auch ein Ausdruck seiner tiefen Wut – Wut auf das Schicksal, das ihm seinen Vater genommen hat, und Wut auf sich selbst, weil er die Kontrolle über sein Leben verloren hat.

Seine Mutter, die verzweifelt versucht, zu ihm durchzudringen, findet sich oft in einer ausweglosen Situation wieder. Ihre Worte prallen an der Wand seiner Wut ab, als wären sie nichts weiter als leere Phrasen. Sie bemerkt den Rückgang seiner schulischen Leistungen und die Veränderungen in seinem Verhalten, doch ihre Versuche, ihn zu erreichen, scheinen vergeblich. Diese schmerzhafte Dynamik zwischen ihnen lässt beide in ihrem eigenen Schmerz gefangen, unfähig, eine Brücke zueinander zu schlagen.

Auch die Lehrer nehmen die Veränderungen in Samuel wahr. Sie sprechen von Disziplinlosigkeit und einem Rückgang seiner Leistungen. Für sie ist es offensichtlich: Ein Schüler, der einst zu den Besten gehörte, ist nun ein Schatten seiner selbst. Doch was sie nicht erkennen, ist die innere Schlacht, die Samuel führt. Er ist nicht einfach unmotiviert oder rebellisch; er ist ein Junge, der mit einem Verlust kämpft, den er nicht begreifen kann. Diese Missverständnisse verstärken seine Isolation und führen zu einem Teufelskreis aus Wut und Trauer.

In dieser emotionalen Abwärtsspirale sucht Samuel nach einem Ventil. Der Diebstahl eines iPhones wird zu einem Wendepunkt. Es ist ein impulsiver Akt, der ihm für einen kurzen Moment das Gefühl von Kontrolle zurückgibt. Doch die Konsequenzen sind verheerend. Er wird erwischt, und plötzlich steht seine Zukunft auf dem Spiel. Die Polizei wird verständigt, und das Urteil scheint klar. In diesem Moment wird ihm bewusst, dass seine Wut nicht nur ihn selbst, sondern auch seine Familie und seine Träume gefährdet.

Die Therapie, die ihm als letzte Chance angeboten wird, stellt Samuel vor eine neue Herausforderung. Zehn Stunden, in denen er über sich reden soll, erscheinen ihm wie eine unmögliche Aufgabe. Er hat sich so lange in seinem Schweigen versteckt, dass die Vorstellung, sich zu öffnen, beängstigend wirkt. Doch die Begegnung mit Dr. Henderson, einem Therapeuten, der keine Fragen stellt, sondern ein Schachbrett aufstellt, verändert alles. "Du musst nicht reden", sagt Dr. Henderson. "Spiel einfach."

Diese einfache Aufforderung eröffnet Samuel einen neuen Raum. Während er die Figuren bewegt, beginnt er, seine Emotionen zu fühlen. Das Schachspiel wird zur Metapher für sein Leben, und jede Partie hilft ihm, seine inneren Konflikte zu verarbeiten. Er erkennt, dass er nicht allein ist in seinem Schmerz. Dr. Henderson hat ebenfalls einen Verlust erlitten – seine kleine Tochter Emily. Diese Verbindung zwischen den beiden Männern schafft eine Basis des Vertrauens, die Samuel dringend benötigt.

Während Samuel auf dem Schachbrett kämpft, lernt er, dass Wut nicht das Ende ist, sondern ein Teil des Heilungsprozesses. Er beginnt, die Wurzeln seiner Wut zu verstehen. Es ist nicht nur der Verlust seines Vaters, sondern auch die Angst, die Kontrolle über sein Leben zu verlieren. Diese Erkenntnis ist der erste Schritt in Richtung Heilung. Er beginnt, die Mauern, die er um sich gebaut hat, Stück für Stück abzubauen.

Die Reise ist jedoch kein geradliniger Weg. Es gibt Rückschläge, Wutanfälle und Tränen. Doch inmitten all dieser Turbulenzen blitzt auch Hoffnung auf. Samuel erkennt, dass er die Fähigkeit hat, seine Wut in etwas Konstruktives umzuwandeln. Er lernt, dass es in Ordnung ist, verletzlich zu sein und dass das Teilen seiner Gefühle nicht Schwäche, sondern Stärke bedeutet.

So schließt sich der Kreis: Die ersten Anzeichen der Wut sind nicht nur ein Zeichen von innerem Chaos, sondern auch eine Einladung zur Selbstreflexion und zum Wachstum. Samuel steht am Anfang eines langen Weges, der ihn nicht nur zu sich selbst, sondern auch zu einer tieferen Verbindung mit seiner Mutter führen wird. Die kommenden Kapitel werden zeigen, wie er diese Herausforderungen meistert und welche Schritte notwendig sind, um seine Wut in Heilung zu verwandeln.

2
Der Schatten des Schmerzes

2.1 Einsamkeit in der Trauer

Trauer ist ein vielschichtiges und oft einsames Gefühl, das sich wie ein Schatten über das Leben legt. Für Samuel ist diese Einsamkeit besonders stark ausgeprägt. Mit jedem Tag, der vergeht, zieht er sich mehr von seinen Freunden und der Welt um ihn herum zurück. Die einst vertrauten Gesichter, die ihm Freude bereitet haben, erscheinen ihm nun wie blasse Erinnerungen aus einem fernen Traum. Er isoliert sich, als wäre die Welt ein Ort, den er nicht mehr betreten kann, und die Stimmen seiner Freunde verklingen zu einem leisen Echo.

In der Psychologie wird Einsamkeit häufig als ein Zustand beschrieben, in dem das Gefühl der sozialen Isolation überwiegt. Eine Studie der American Psychological Association aus dem Jahr 2023 zeigt, dass etwa 61% der Jugendlichen unter Einsamkeit leiden, insbesondere nach traumatischen Ereignissen. Diese Zahlen verdeutlichen, dass Samuels Empfindungen keineswegs einzigartig sind, sondern Teil eines weit verbreiteten Phänomens. Der Verlust seines Vaters hat nicht nur seine emotionale Stabilität erschüttert, sondern auch seine sozialen Bindungen in Frage gestellt.

Um dem Schmerz zu entfliehen, zieht sich Samuel in eine Welt zurück, die nur aus seinen eigenen Gedanken besteht. Die Einsamkeit wird zu einem ständigen Begleiter, der ihn in den stillen Stunden der Nacht heimsucht. Während seine Mitschüler weiterhin ihre Träume verfolgen und Pläne schmieden, fühlt sich Samuel wie ein Zuschauer in seinem eigenen Leben. Er beobachtet, wie sie lachen und sich gegenseitig unterstützen, während er in einem emotionalen Gefängnis gefangen ist, das er selbst errichtet hat.

Trauer kann sich auf unterschiedliche Weise äußern. Bei Samuel zeigt sie sich durch Rückzug und innere Leere. Er spricht nicht über seine Gefühle, nicht einmal mit seiner Mutter, die verzweifelt versucht, ihn zu erreichen. Ihre Worte prallen an der Wand seiner Wut ab, und so bleibt die Einsamkeit ungebrochen. Laut einer Umfrage des Deutschen Jugendinstituts aus dem Jahr 2023 gaben 58% der Jugendlichen an, dass sie sich in Zeiten der Trauer von ihren Eltern unverstanden fühlten. Diese Statistik spiegelt Samuels Realität wider: Er fühlt sich allein, nicht nur in seiner Trauer, sondern auch in seinem Kampf, die Welt um ihn herum zu begreifen.

In dieser Phase seiner Trauer wird Samuel zunehmend anfällig für impulsive Entscheidungen. Die Einsamkeit drängt ihn dazu, nach Wegen zu suchen, um den inneren Schmerz zu lindern, auch wenn diese Wege destruktiv sind. Der Diebstahl eines iPhones ist ein Ausdruck dieser inneren Zerrissenheit. Es ist ein verzweifelter Versuch, Kontrolle über etwas zu gewinnen, während alles andere um ihn herum chaotisch erscheint. Diese Handlung ist nicht nur ein Zeichen seiner Verzweiflung, sondern auch ein Hilferuf, den niemand hören kann.

Die Einsamkeit in der Trauer ist ein schleichender Prozess, der oft unbemerkt bleibt, bis er zu einem überwältigenden Gefühl wird. Samuel hat das Gefühl, dass niemand wirklich versteht, was er durchmacht. Die Lehrer bemerken seinen Rückgang in der Schule, doch ihre Besorgnis wird oft als Disziplinlosigkeit missverstanden. Sie wissen nicht, dass hinter seinen schlechten Noten und seinem Desinteresse eine tiefere Traurigkeit steckt. Die Einsamkeit wird zur Quelle seiner inneren Kämpfe, und er verliert sich immer mehr in seinen Gedanken.

Doch während Samuel in seiner Einsamkeit gefangen ist, gibt es einen Funken Hoffnung. In der Therapie, die ihm als letzte Chance angeboten wird, trifft er auf Dr. Henderson, einen Therapeuten, der ihm eine neue Perspektive bietet. Hier beginnt ein langsamer, aber entscheidender Wandel. Die Einsamkeit, die ihn so lange gefangen gehalten hat, wird zum Ausgangspunkt für eine Reise der Selbstentdeckung. Doch bis dahin muss Samuel lernen, dass es in Ordnung ist, sich verletzlich zu zeigen und Hilfe anzunehmen.

Die Einsamkeit in der Trauer ist ein Thema, das viele Menschen betrifft, und Samuel ist kein Einzelfall. Es ist wichtig, diese Emotionen zu erkennen und zu verstehen, um den Weg zur Heilung zu finden. Im nächsten Abschnitt werden wir uns mit den Missverständnissen zwischen Samuel und seiner Mutter beschäftigen und untersuchen, wie diese Dynamik seine Trauer weiter verstärkt. Denn oft ist es nicht nur die Trauer selbst, die uns isoliert, sondern auch die Art und Weise, wie wir mit unseren Lieben kommunizieren oder eben nicht kommunizieren.

2.2 Missverständnisse mit der Mutter

In den Tagen nach dem Tod seines Vaters fühlte sich Samuel wie in einem dichten Nebel gefangen. Die tröstenden Worte seiner Mutter schienen in der schweren Luft seiner Wut und Trauer zu verhallen. Sie sprach von Liebe, Erinnerungen und der Hoffnung, dass die Zeit alle Wunden heilen würde. Doch für Samuel waren diese Worte nicht mehr als ein leises Flüstern im Sturm seiner Emotionen. Er fühlte sich unverstanden, und je mehr sie versuchte, ihn zu erreichen, desto weiter zog er sich zurück.

Missverständnisse entstehen häufig aus unausgesprochenen Worten und Gefühlen. Samuels Mutter, ebenfalls in ihrer Trauer gefangen, konnte nicht ahnen, wie tief der Schmerz ihres Sohnes war. Ihre Versuche, ihm zu helfen, wurden von seiner inneren Wut zurückgewiesen. Ein typisches Beispiel für solche Missverständnisse ist die Kommunikation zwischen Eltern und Teenagern, die oft von starken Emotionen und Missinterpretationen geprägt ist. Laut einer Studie der American Psychological Association (APA, 2023) fühlen sich 70% der Jugendlichen von ihren Eltern nicht verstanden, insbesondere in emotionalen Krisensituationen.

Die Kluft zwischen Samuel und seiner Mutter wurde immer größer. Während sie ihm erklärte, dass Trauer ein natürlicher Prozess sei, sah Samuel nur eine weitere Form des Missmuts. Er wollte nicht hören, dass es anderen ähnlich ging oder dass es Wege gab, mit dem Verlust umzugehen. Stattdessen war er in seinem eigenen Schmerz gefangen, der ihn isolierte und ihm das Gefühl gab, allein zu sein. Diese Isolation führte dazu, dass er sich in eine Welt zurückzog, in der er die Kontrolle über seine Emotionen hatte – auch wenn dies bedeutete, dass er sich gegen die Menschen wandte, die ihn am meisten liebten.

Ein weiterer Aspekt dieser Missverständnisse war die unterschiedliche Art und Weise, wie Samuel und seine Mutter mit Trauer umgingen. Während sie versuchte, ihre Gefühle durch Gespräche zu verarbeiten, zog sich Samuel in die Stille zurück. Eine Umfrage des Deutschen Jugendinstituts (DJI, 2023) zeigt, dass viele Jugendliche in Krisensituationen das Bedürfnis haben, sich zurückzuziehen, anstatt offen über ihre Gefühle zu sprechen. Dies kann einen Teufelskreis schaffen, in dem die Eltern frustriert sind, weil sie nicht wissen, wie sie helfen können, während die Jugendlichen sich noch weiter isolieren.

Die Dynamik zwischen Samuel und seiner Mutter wurde zusätzlich durch die Erwartungen verstärkt, die beide aneinander hatten. Samuel erwartete, dass seine Mutter ihn verstand, ohne dass er viel sagen musste. Gleichzeitig hoffte seine Mutter, dass Samuel sich öffnen würde, wenn sie nur lange genug wartete. Diese unausgesprochenen Erwartungen führten zu Missverständnissen, die wie ein Schatten über ihrer Beziehung lagen. Eine Untersuchung von Dr. Maria Schmidt (2023) zeigt, dass klare Kommunikation und das Ausdrücken von Bedürfnissen entscheidend sind, um Missverständnisse in familiären Beziehungen zu vermeiden.

In einem Moment der Verzweiflung, als Samuel sich erneut von seiner Mutter abwandte, spürte sie, dass ihre Worte nicht ausreichten. Sie begann, ihre Ansätze zu überdenken. Anstatt ihn mit Fragen zu bombardieren, versuchte sie, ihm Raum zu geben. Diese Entscheidung war nicht einfach, aber notwendig. Samuel bemerkte, dass die Stille zwischen ihnen nicht nur eine Leere war, sondern auch eine Gelegenheit, über seine eigenen Gefühle nachzudenken. Es war ein langsamer Prozess, der Zeit benötigte, aber er begann, die Komplexität seiner Emotionen zu erkennen.

Die Missverständnisse zwischen Samuel und seiner Mutter spiegeln die Herausforderungen wider, die viele Familien in Zeiten der Trauer erleben. Oft sind es die unausgesprochenen Worte, die die größten Barrieren schaffen. Doch in der Stille, die folgte, fand Samuel einen Funken Hoffnung. Er begann zu verstehen, dass auch seine Mutter litt und dass ihre Liebe zu ihm ungebrochen war, selbst wenn sie nicht die richtigen Worte fand. Diese Erkenntnis war der erste Schritt in Richtung einer möglichen Versöhnung.

Die kommenden Kapitel werden zeigen, wie Samuel und seine Mutter lernen, miteinander zu kommunizieren und die Missverständnisse zu überwinden, die sie so lange voneinander getrennt haben. Es wird ein Weg voller Herausforderungen sein, aber auch ein Weg, der Hoffnung und Heilung verspricht. Denn manchmal ist es nicht das laute Wort, das heilt, sondern das stille Verständnis, das zwischen den Zeilen entsteht.

2.3 Lehrer und ihre Sorgen

Die Lehrer an Samuels Schule sind zunehmend besorgt über seinen auffälligen Leistungsabfall. In den letzten Monaten haben sie beobachtet, dass Samuel, der einst als einer der besten Schüler galt, sich stark verändert hat. Seine Hausaufgaben bleiben oft unvollständig, und seine Teilnahme am Unterricht ist sporadisch. Diese Veränderungen deuten nicht nur auf akademische Schwierigkeiten hin; sie spiegeln ein tieferes emotionales Ungleichgewicht wider, das für die Lehrer schwer zu fassen ist. Sie sehen einen Jungen, der in einem Sturm aus Trauer und Wut gefangen ist, und fühlen sich machtlos.

Die Lehrer setzen alles daran, Samuel zu unterstützen. Einige versuchen, ihn durch persönliche Gespräche zu erreichen, während andere zusätzliche Hilfe im Unterricht anbieten. Doch trotz ihrer besten Absichten scheinen ihre Worte oft an ihm abzuprallen. Es ist, als ob eine unsichtbare Wand zwischen ihnen steht, die Samuel vor dem Verständnis und der Unterstützung schützt, die er dringend benötigt. Diese Frustration führt dazu, dass die Lehrer von Disziplinlosigkeit sprechen, ohne die zugrunde liegenden Ursachen zu erkennen.

In der Bildungsforschung wird zunehmend betont, dass emotionale und psychologische Faktoren entscheidend für den schulischen Erfolg sind. Eine Studie der American Psychological Association (APA) aus dem Jahr 2023 zeigt, dass Schüler, die unter emotionalem Stress leiden, anfälliger für Leistungsabfall und Verhaltensprobleme sind (APA, 2023). Lehrer stehen somit vor der Herausforderung, nicht nur akademische Inhalte zu vermitteln, sondern auch die emotionalen Bedürfnisse ihrer Schüler zu erkennen und zu adressieren.

Die Sorgen der Lehrer wachsen, während Samuel sich weiter in seinem Schmerz verliert. Sie fragen sich, wie sie ihm helfen können, ohne ihn zusätzlich zu belasten. Viele stellen sich die Frage: Wie erreicht man einen Schüler, der sich selbst nicht mehr erreicht? Diese Unsicherheit führt oft zu einem Gefühl der Ohnmacht. Lehrer sind nicht nur Wissensvermittler, sondern auch Mentoren und Unterstützer. Wenn sie jedoch auf Widerstand stoßen, kann dies zu Frustration führen, die sich negativ auf die gesamte Klassendynamik auswirkt.

Ein weiterer Aspekt, der die Sorgen der Lehrer verstärkt, ist die Angst um Samuels Zukunft. Die Schulzeit ist für viele Jugendliche eine prägende Phase, und die Entscheidungen, die sie in dieser Zeit treffen, können weitreichende Konsequenzen haben. Lehrer sind sich bewusst, dass Samuels gegenwärtige Schwierigkeiten ihn möglicherweise von seinen Träumen, wie dem Besuch von Harvard, abbringen könnten. Diese Erkenntnis belastet sie zusätzlich und verstärkt den Druck, den sie empfinden.

Dennoch gibt es Hoffnung. Immer mehr Schulen integrieren Programme zur sozialen und emotionalen Unterstützung, um Schüler wie Samuel zu erreichen. Diese Programme bieten nicht nur Ressourcen für die Schüler, sondern auch für die Lehrer, die lernen, besser auf die Bedürfnisse ihrer Schüler einzugehen. Ein Beispiel hierfür ist das "Social Emotional Learning"-Programm, das in vielen Schulen implementiert wird und darauf abzielt, die emotionale Intelligenz der Schüler zu fördern (Collaborative for Academic, Social, and Emotional Learning, 2023).

Die Lehrer müssen auch lernen, dass es in Ordnung ist, Hilfe zu suchen. Die Unterstützung von Schulpsychologen oder externen Fachleuten kann entscheidend sein, um die Herausforderungen zu bewältigen, die Schüler wie Samuel mit sich bringen. Indem sie sich um ihre eigene emotionale Gesundheit kümmern, können Lehrer effektiver auf die Bedürfnisse ihrer Schüler eingehen.

In der nächsten Phase von Samuels Geschichte wird deutlich, dass Veränderung möglich ist, wenn die richtigen Bedingungen geschaffen werden. Die Begegnung mit Dr. Henderson, einem Therapeuten, der unkonventionelle Methoden anwendet, zeigt, dass es Wege gibt, die über das gesprochene Wort hinausgehen. Hier wird die Bedeutung von Empathie und Verständnis in der Therapie und im Bildungsbereich klar. Lehrer und Therapeuten können gemeinsam daran arbeiten, Brücken zu bauen, die Schüler zurück ins Licht führen.

Zusammenfassend sollten die Sorgen der Lehrer nicht nur die akademischen Leistungen ihrer Schüler betreffen, sondern auch deren emotionale und psychologische Gesundheit. Indem sie diese Aspekte in den Vordergrund rücken, können sie nicht nur Samuel, sondern auch anderen Schülern helfen, ihren Weg zurückzufinden. Die Herausforderungen sind groß, aber die Möglichkeiten zur Unterstützung sind vielfältig. Es liegt an den Lehrern, diese Chancen zu erkennen und zu nutzen, um das Leben ihrer Schüler nachhaltig zu verändern.

3
Der unüberlegte Schritt

3.1 Der Diebstahl des iPhones

Ein Diebstahl mag auf den ersten Blick wie ein impulsiver Akt erscheinen, doch für Samuel wird dieser Moment zu einem entscheidenden Wendepunkt in seinem Leben. In einer Zeit, in der alles um ihn herum zerbricht, greift er nach etwas, das ihm einen flüchtigen Eindruck von Kontrolle und Rebellion verspricht. Er stiehlt ein iPhone – nicht aus finanzieller Not, sondern aus einer tiefen inneren Verzweiflung. Es ist ein verzweifelter Versuch, die Leere zu füllen, die der Tod seines Vaters hinterlassen hat.

Samuel war nie der Typ, der im Rampenlicht stehen wollte. Er war der beste Schüler seiner Klasse, zielstrebig und ruhig. Doch der plötzliche Verlust seines Vaters hat alles verändert. Die Welt, die ihm einst klar und strukturiert erschien, ist nun ein Ort voller Chaos und Schmerz. Seine Träume von Harvard und einem Leben jenseits der Kleinstadt scheinen unerreichbar. Stattdessen wird er von Wut und Trauer übermannt, und niemand scheint zu verstehen, was in ihm vorgeht. Seine Mutter, die verzweifelt versucht, ihn zu erreichen, findet nur taube Ohren. Ihre Worte prallen an der Wand seiner inneren Abwehr ab.

In diesem emotionalen Sturm, der ihn immer weiter in die Isolation treibt, trifft Samuel eine Entscheidung, die ihn an den Rand des Abgrunds bringt. Der Diebstahl des iPhones ist nicht nur ein krimineller Akt; es ist ein verzweifelter Schrei nach Aufmerksamkeit und Veränderung. Er hofft, dass dieser kleine Akt der Rebellion irgendetwas in seinem Leben verändern wird. Vielleicht denkt er, dass das iPhone ihm ein Gefühl von Macht zurückgeben kann, das er verloren hat. Doch die Realität ist gnadenlos. Er wird erwischt, und die Konsequenzen sind sofort spürbar.

Die Polizei wird verständigt, und Samuel steht vor einer schwerwiegenden Entscheidung. Der Druck, den er sich selbst auferlegt hat, wird unerträglich. In diesem Moment wird ihm klar, dass er nicht nur mit den rechtlichen Folgen seines Handelns konfrontiert ist, sondern auch mit den emotionalen und psychologischen Auswirkungen. Der Diebstahl ist nicht nur ein Verbrechen; er spiegelt seine innere Zerrissenheit wider. Er hat sich in eine Situation gebracht, die ihm die Möglichkeit gibt, sich zu verändern, aber auch die Gefahr birgt, weiter in den Abgrund zu stürzen.

Die Entscheidung, die vor ihm liegt, ist alles andere als einfach. Statt einer Strafe wird ihm eine letzte Chance angeboten: zehn Stunden Therapie. Diese Möglichkeit ist sowohl ein Lichtblick als auch eine Herausforderung. Samuel muss sich öffnen, über seine Gefühle sprechen und sich mit dem auseinandersetzen, was er so lange vermieden hat. Doch die Vorstellung, seine innere Welt zu teilen, erfüllt ihn mit Angst. Er hat gelernt, in der Stille zu leben, und das Reden über seine Gefühle erscheint ihm wie ein unüberwindbares Hindernis.

Die Therapie wird zu einem zentralen Thema in Samuels Leben, und die ersten Schritte sind die schwierigsten. Er weiß, dass er sich dem stellen muss, was er verloren hat, und dass er die Unterstützung braucht, um wieder einen Weg zurück ins Leben zu finden. Der Diebstahl des iPhones wird zum Ausgangspunkt einer Reise, die ihn nicht nur mit seinen eigenen Dämonen konfrontiert, sondern auch mit der Realität des Verlustes und der Trauer. Es ist ein steiniger und ungewisser Weg, der jedoch auch die Möglichkeit zur Heilung bietet.

In den kommenden Abschnitten werden wir sehen, wie Samuel mit den Folgen seines Handelns umgeht und welche Rolle die Therapie in seinem Leben spielt. Der Weg zur Selbstfindung und zur Verarbeitung seines Schmerzes ist lang und voller Rückschläge, doch es gibt auch Hoffnung. Hoffnung auf Veränderung, Hoffnung auf Vergebung und Hoffnung auf einen Neuanfang. Samuel steht am Anfang eines Prozesses, der ihn nicht nur mit sich selbst, sondern auch mit der Erinnerung an seinen Vater versöhnen könnte. Der Diebstahl war nur der erste Schritt in eine viel tiefere Auseinandersetzung mit seinem inneren Selbst.

3.2 Die Folgen des Moments

Der impulsive Schritt, den Samuel mit dem Diebstahl des iPhones unternommen hat, hat weitreichende Konsequenzen. In einem einzigen Moment der Verzweiflung und inneren Zerrissenheit hat er nicht nur ein technisches Gerät entwendet, sondern auch die Kontrolle über sein Leben und seine Zukunft aufs Spiel gesetzt. Die Polizei wird informiert, und das Urteil scheint klar: Ein Jugendlicher, der stiehlt, muss bestraft werden. Doch inmitten dieser ausweglosen Situation eröffnet sich für Samuel eine unerwartete Chance – anstelle einer Strafe soll er zehn Stunden Therapie absolvieren.

Diese Entscheidung markiert nicht nur einen rechtlichen, sondern auch einen emotionalen Wendepunkt in Samuels Leben. Die Therapie bietet ihm die Möglichkeit, sich mit seinen inneren Konflikten auseinanderzusetzen, auch wenn er zunächst zögert, sich zu öffnen. Der Diebstahl, der als impulsiver Akt erschien, wird zum Symbol für die tiefere Trauer und den Schmerz, den Samuel in sich trägt. Laut einer Studie der American Psychological Association (APA) aus dem Jahr 2023 leiden Jugendliche, die einen Verlust erlitten haben, häufig unter Verhaltensauffälligkeiten, die sich in impulsiven Handlungen äußern können (APA, 2023).

Samuel steht nun vor der Herausforderung, diese zweite Chance zu nutzen. Die Therapie könnte ihm helfen, seine Emotionen zu verarbeiten und die Wut, die ihn so lange gefangen gehalten hat, in konstruktive Bahnen zu lenken. Doch die Angst vor dem Unbekannten und die Scham über seine Tat lähmen ihn. Er fühlt sich wie ein Gefangener seiner eigenen Entscheidungen, unfähig, die Ketten zu sprengen, die ihn an seinen Schmerz binden.

Die Entscheidung, die Therapie anzunehmen, ist ein erster Schritt in Richtung Selbstreflexion. Studien zeigen, dass therapeutische Interventionen bei Jugendlichen, die unter emotionalen Schwierigkeiten leiden, signifikante Verbesserungen in ihrem Verhalten und ihrer emotionalen Stabilität bewirken können (Smith et al., 2023). Samuel hat die Möglichkeit, diesen Weg zu gehen, doch der Gedanke daran, sich zu öffnen, erscheint ihm überwältigend.

In der Therapie trifft er auf Dr. Henderson, einen Therapeuten, der ihm nicht mit Fragen begegnet, sondern ihm einen Raum bietet, in dem er sich entfalten kann. "Du musst nicht reden", sagt Dr. Henderson, während er ein Schachbrett aufstellt. Diese einfache, aber tiefgründige Aussage gibt Samuel die Freiheit, sich auf eine andere Art und Weise auszudrücken. Laut einer Untersuchung der University of California (2024) fördert das Spielen von Schach nicht nur strategisches Denken, sondern auch emotionale Intelligenz, indem es den Spielern hilft, ihre Emotionen zu regulieren und Empathie zu entwickeln (UC, 2024).

Während Samuel die Figuren über das Brett bewegt, beginnt er, die inneren Schlachten zu erkennen. Er sieht Parallelen zwischen dem Spiel und seinem Leben. Jeder Zug hat Konsequenzen, und manchmal muss man Opfer bringen, um voranzukommen. Diese Erkenntnis führt ihn dazu, über die Gründe seines Handelns nachzudenken. Der Diebstahl war nicht nur ein verzweifelter Versuch, etwas zu kontrollieren; er war auch ein Ausdruck seiner tiefen Trauer und Wut über den Verlust seines Vaters.

Die Therapie wird zu einem Ort der Konfrontation, aber auch der Heilung. Samuel lernt, dass es in Ordnung ist, verletzlich zu sein, und dass er nicht allein in seinem Schmerz ist. Dr. Henderson teilt seine eigene Geschichte über den Verlust seiner Tochter, was Samuel zeigt, dass Trauer universell ist und dass es Wege gibt, damit umzugehen. Diese Verbindung zwischen Therapeut und Klient wird zu einem entscheidenden Faktor in Samuels Prozess der Selbstfindung.

Doch trotz dieser Fortschritte bleibt die Frage, ob Samuel die Therapie wirklich annehmen kann. Wird er in der Lage sein, sich zu öffnen und die Unterstützung, die ihm angeboten wird, zu akzeptieren? Oder wird er weiterhin in seinem Schweigen verharren und sich in der Dunkelheit seiner Emotionen verlieren? Diese Unsicherheit regt die Leser dazu an, über die Komplexität von Trauer und Heilung nachzudenken.

Die Folgen des Moments, in dem Samuel das iPhone stahl, sind also nicht nur rechtlicher Natur. Sie sind der Ausgangspunkt für eine tiefgreifende Auseinandersetzung mit seiner Identität, seinem Schmerz und letztlich seiner Fähigkeit zur Veränderung. Während er sich auf die bevorstehenden Therapiesitzungen vorbereitet, wird er gezwungen sein, sich mit den Fragen auseinanderzusetzen, die er so lange vermieden hat.

Im nächsten Abschnitt werden wir sehen, wie Samuel mit diesen Herausforderungen umgeht und welche Strategien er entwickelt, um sich selbst zu finden und zu heilen. Es wird deutlich werden, dass der Weg zur Selbstakzeptanz oft steinig ist, aber auch voller Möglichkeiten, die es zu entdecken gilt.

3.3 Ein Blick in die Zukunft

Samuel steht an einem entscheidenden Wendepunkt in seinem Leben. Die Therapie, die ihm als letzte Chance angeboten wurde, ist weit mehr als eine bloße Pflichtübung. Sie fungiert als Spiegel, der ihm vor Augen führt, was er alles verlieren könnte, wenn er weiterhin in seinem Schmerz gefangen bleibt. In den vorherigen Kapiteln haben wir miterlebt, wie der Verlust seines Vaters und die damit verbundene Trauer ihn in eine dunkle Spirale aus Isolation und Wut geführt haben. Sein verzweifelter Versuch, ein iPhone zu stehlen, war ein Ausdruck seines Bedürfnisses, Kontrolle über sein Leben zurückzugewinnen. Doch nun, mit der Aussicht auf Therapie, wird ihm bewusst, dass der wahre Kampf nicht gegen die Welt, sondern gegen sich selbst gerichtet ist.

Die Entscheidung, sich zu öffnen oder weiterhin zu schweigen, ist nicht nur eine Frage des persönlichen Stolzes; sie ist eine Frage des Überlebens. Laut einer Studie der American Psychological Association (APA) aus dem Jahr 2023 leiden etwa 20% der Jugendlichen unter schwerwiegenden psychischen Problemen, die häufig durch unbewältigte Trauer und Verlust verstärkt werden. Samuel gehört zu dieser Statistik, doch er hat die Möglichkeit, seine Geschichte neu zu schreiben. Er kann die Ketten seiner Vergangenheit sprengen und einen neuen Weg einschlagen.

In diesem Moment der Reflexion erkennt Samuel, dass er nicht allein ist. Der Therapeut Dr. Henderson hat ihm durch das Schachspiel eine neue Perspektive eröffnet. Das Spiel dient nicht nur als Ablenkung; es ist eine Metapher für das Leben selbst. Jeder Zug, den er macht, hat Konsequenzen. Fehler können korrigiert werden, und jeder Sieg ist das Resultat strategischen Denkens. Diese Erkenntnis ist befreiend und gibt ihm die Hoffnung, dass auch er die Kontrolle über sein Leben zurückgewinnen kann.

Ein Blick in die Zukunft zeigt ihm, dass er nicht nur für sich selbst, sondern auch für seine Mutter und die Menschen um ihn herum kämpfen kann. Laut einer Umfrage des Pew Research Centers (2024) fühlen sich 65% der Jugendlichen von ihren Eltern unverstanden. Samuel hat diese Einsamkeit erfahren, doch er hat auch die Chance, Brücken zu bauen. Indem er sich öffnet, kann er nicht nur seine eigene Heilung vorantreiben, sondern auch die Beziehung zu seiner Mutter verbessern. Ihre Worte, die bisher an der Wand seiner Wut abprallten, könnten endlich Gehör finden.

Die Entscheidung, sich der Therapie zu stellen, bedeutet auch, sich seinen eigenen Ängsten zu stellen. Samuel fragt sich: Was, wenn er sich öffnet und die Menschen ihn nicht verstehen? Was, wenn er verletzt wird? Diese Fragen sind normal, dürfen ihn jedoch nicht lähmen. Die Angst vor dem Unbekannten ist oft größer als die Realität selbst. Eine Studie der Harvard University (2023) zeigt, dass Menschen, die aktiv mit ihren Emotionen umgehen, eine höhere Lebenszufriedenheit berichten. Samuel hat die Möglichkeit, diesen Weg zu gehen.

Er beginnt zu erkennen, dass Schweigen keine Lösung ist. Es ist ein Schutzmechanismus, der ihn isoliert und ihm die Chance auf Heilung raubt. Die Worte, die er fürchtet, sind die Schlüssel zu seiner Freiheit. Er muss lernen, dass es in Ordnung ist, verletzlich zu sein. Verletzlichkeit ist kein Zeichen von Schwäche, sondern von Stärke. Es erfordert Mut, sich zu öffnen und die eigene Geschichte zu erzählen.

Mit jedem Tag wird Samuel klarer, dass die Entscheidung, sich zu öffnen, nicht nur seine eigene Zukunft beeinflusst, sondern auch die seiner Familie. Er hat die Macht, die Erzählung seines Lebens zu verändern. Die Therapie könnte der erste Schritt auf einem langen Weg sein, der ihn zurück zu seinen Träumen führt – zu Harvard, zu einem Leben voller Möglichkeiten und Hoffnung.

Der Blick in die Zukunft ist nicht mehr düster. Er sieht einen Weg, der zwar steinig ist, aber auch voller Chancen. Samuel hat die Möglichkeit, nicht nur seine eigene Geschichte zu schreiben, sondern auch die seiner Mutter und die Beziehung zu ihr zu heilen. Die Entscheidung liegt bei ihm: Wird er den Mut aufbringen, sich zu öffnen und die Reise zur Heilung anzutreten, oder wird er weiterhin in der Dunkelheit verweilen? Der nächste Schritt ist entscheidend, und Samuel weiß, dass er ihn jetzt gehen muss.

4
Die letzte Chance

4.1 Therapie statt Strafe

In einer Gesellschaft, in der Fehler oft mit strengen Konsequenzen geahndet werden, stellt sich die Frage: Was geschieht mit den Jugendlichen, die in einem Moment der Schwäche handeln? Samuel ist ein Beispiel für einen solchen Jugendlichen. Er war nie jemand, der im Mittelpunkt stehen wollte, doch der plötzliche Verlust seines Vaters stürzt ihn in eine tiefe Krise. Anstatt seinen Schmerz zu verarbeiten, begibt er sich auf einen gefährlichen Weg, der in einem Diebstahl endet. Dieser impulsive Schritt könnte seine Zukunft gefährden. Doch anstelle einer Strafe erhält er eine zweite Chance: zehn Stunden Therapie.

Der Ansatz "Therapie statt Strafe" gewinnt in der modernen Gesellschaft zunehmend an Bedeutung. Eine Studie des Bundesministeriums für Familie, Senioren, Frauen und Jugend aus dem Jahr 2023 zeigt, dass therapeutische Maßnahmen bei Jugendlichen nicht nur die Rückfallquote senken, sondern auch die emotionale Stabilität fördern können. Für Samuel ist die Therapie nicht nur eine Pflicht, sondern eine Möglichkeit, die Wunden seiner Seele zu heilen. Dennoch bleibt er skeptisch. Er schweigt, gefangen in seinem eigenen Schmerz und der Wut, die ihn umgibt.

Die ersten Sitzungen sind von Stille geprägt. Samuel fühlt sich unwohl und sieht keinen Sinn darin, sich zu öffnen. Die besorgten Worte seiner Mutter und die Sorgen seiner Lehrer verhallen in der Leere seines Schweigens. Diese innere Isolation ist nicht ungewöhnlich. Psychologen betonen, dass viele Jugendliche in Krisensituationen dazu neigen, sich zurückzuziehen, anstatt Hilfe zu suchen. Ein Bericht der Deutschen Gesellschaft für Psychologie aus dem Jahr 2023 belegt, dass etwa 40 % der Jugendlichen, die psychologische Unterstützung benötigen, nicht aktiv nach Hilfe suchen. Samuel gehört zu dieser Gruppe.

Doch die Therapie bietet ihm eine Möglichkeit, die er nicht ignorieren kann. Sie ist eine Einladung, sich mit seinen inneren Dämonen auseinanderzusetzen. Der Therapeut, Dr. Henderson, verfolgt einen unkonventionellen Ansatz. Anstatt Fragen zu stellen, bringt er ein Schachbrett mit. "Du musst nicht reden", sagt er. "Spiel einfach." Diese Herangehensweise eröffnet Samuel eine neue Dimension. Während er die Figuren bewegt, beginnt er, seine Emotionen zu spüren. Schach wird für ihn zu einem Ventil, durch das er seine inneren Konflikte ausdrücken kann, ohne die Worte finden zu müssen, die ihm so schwerfallen.

Dr. Henderson hat selbst eine tragische Geschichte. Er hat seine Tochter verloren und kennt das Gefühl, in der Stille des Schmerzes gefangen zu sein. Diese Verbindung zwischen Therapeut und Klient ist entscheidend. Studien zeigen, dass eine starke therapeutische Beziehung die Wirksamkeit von Therapien erheblich steigern kann. Laut einer Untersuchung der Universität Heidelberg aus dem Jahr 2022 können Klienten, die sich emotional verbunden fühlen, bis zu 60 % schneller Fortschritte machen. Samuel beginnt, diese Verbindung zu spüren, auch wenn er es zunächst nicht wahrhaben will.

Während die Partien auf dem Schachbrett fortschreiten, öffnet sich Samuel allmählich. Er erkennt, dass sein Schweigen nicht nur eine Flucht ist, sondern auch ein Schutzmechanismus. Die Wahrheit über den Tod seines Vaters, die er lange verdrängt hat, kommt ans Licht. Sein Vater litt an Krebs und schwieg aus Liebe, um ihn zu schützen. Diese schmerzhafte Erkenntnis ist der erste Schritt zur Heilung. Samuel lernt, dass er nicht allein ist in seinem Schmerz. Die Geschichten anderer Menschen, wie die von Dr. Henderson, helfen ihm, seine eigene Trauer zu verstehen und zu akzeptieren.

Der Weg zur Heilung ist jedoch kein geradliniger. Es gibt Rückschläge, Momente der Wut und der Verzweiflung. Doch die Therapie gibt Samuel die Werkzeuge an die Hand, um mit diesen Herausforderungen umzugehen. Er lernt, dass es in Ordnung ist, verletzlich zu sein und dass das Teilen seiner Gefühle kein Zeichen von Schwäche, sondern von Stärke ist. Diese Erkenntnis ist entscheidend für seine Entwicklung und zeigt, dass Therapie mehr ist als nur eine Pflichtübung – sie ist eine Chance zur Selbstentdeckung und zum Wachstum.

In den kommenden Abschnitten werden wir tiefer in Samuels Reise eintauchen. Wir werden sehen, wie er lernt, seine Emotionen auszudrücken, und wie die Beziehung zu Dr. Henderson ihm hilft, die Wunden seiner Vergangenheit zu heilen. Die Therapie wird zu einem Raum, in dem Samuel nicht nur über seinen Schmerz sprechen kann, sondern auch über seine Hoffnungen und Träume. Denn manchmal ist es genau das, was wir brauchen: einen sicheren Ort, um unsere innersten Gedanken und Gefühle zu teilen und zu lernen, dass wir nicht allein sind.

4.2 Widerstand gegen das Reden

Samuel sitzt in der Therapie und schweigt. Dieses Schweigen lastet schwer auf ihm, als wäre es eine unsichtbare Decke, die ihn vor der Welt und seinen eigenen Gefühlen schützt. In den vorhergehenden Kapiteln haben wir gesehen, wie der plötzliche Verlust seines Vaters sein Leben aus der Bahn geworfen hat. Wut, Trauer und Einsamkeit haben ihn in eine tiefe Isolation gedrängt. Doch jetzt, in diesem Raum, wo er die Möglichkeit hat, sich zu öffnen, widersteht er dem Drang, zu sprechen.

Der Widerstand gegen das Reden ist weit verbreitet. Psychologen erklären, dass viele Menschen in Zeiten von Trauer und Schmerz dazu neigen, sich zurückzuziehen. Eine Studie der American Psychological Association (APA) aus dem Jahr 2023 zeigt, dass etwa 60 % der Jugendlichen, die einen Verlust erlitten haben, Schwierigkeiten haben, ihre Gefühle verbal auszudrücken (Smith, 2023). Für Samuel fühlt sich das Reden an wie ein Sprung ins kalte Wasser – unvorhersehbar und beängstigend. Er fürchtet, dass Worte die Schwere seines Schmerzes nicht erfassen können und ihn verletzlicher machen.

Die Therapie, die ihm als letzte Chance angeboten wurde, sollte ihm helfen, seine inneren Konflikte zu lösen. Doch Samuel sieht sie eher als zusätzlichen Druck. Der Gedanke, sich zu öffnen, wird von der Angst begleitet, dass seine tiefsten Gedanken und Gefühle nicht verstanden werden könnten. Diese Angst ist nicht unbegründet; sie resultiert aus jahrelangen Missverständnissen und der Unfähigkeit seiner Umgebung, seinen Schmerz zu erkennen. Seine Mutter, die verzweifelt versucht, zu ihm durchzudringen, hat oft die falschen Worte gewählt, und die Lehrer haben ihn lediglich als disziplinlos wahrgenommen. In dieser Situation erscheint es einfacher, zu schweigen.

Doch während Samuel in diesem Schweigen verharrt, beginnt sich etwas in ihm zu verändern. Die Stille um ihn herum wird nicht nur von seinem Widerstand geprägt, sondern auch von einem tiefen Wunsch nach Verständnis. Er fragt sich, ob es wirklich so schwer ist, über seinen Schmerz zu sprechen. Die Therapie könnte der Schlüssel sein, um die Ketten seiner Isolation zu sprengen. Aber wie kann er diesen Schritt wagen? Ein Zitat von Brené Brown, einer führenden Forscherin im Bereich der Scham und Verletzlichkeit, besagt: "Verletzlichkeit ist der Geburtsort von Innovation, Kreativität und Veränderung" (Brown, 2023). Samuel steht an der Schwelle zu dieser Veränderung, doch der Mut, den ersten Schritt zu tun, fehlt ihm noch.

In der Therapie begegnet er Dr. Henderson, einem Therapeuten, der ihm nicht mit Fragen begegnet, sondern ihm die Möglichkeit gibt, auf eine andere Weise zu kommunizieren. Das Schachbrett wird zum Symbol für Samuels innere Kämpfe. Während er die Figuren bewegt, beginnt er, seine Emotionen zu spüren, ohne sie in Worte fassen zu müssen. Dies ist ein entscheidender Moment in seiner Reise. Der Widerstand gegen das Reden verwandelt sich in eine Form nonverbaler Kommunikation, die ihm erlaubt, seine Gedanken und Gefühle zu erkunden, ohne sich dem Druck des Sprechens auszusetzen.

Die Erkenntnis, dass er nicht allein ist, wird für Samuel immer klarer. Dr. Henderson hat ebenfalls einen Verlust erlitten, und diese gemeinsame Erfahrung schafft eine Verbindung zwischen ihnen. Es ist eine stille Übereinkunft, die Samuel ermutigt, seine Mauern langsam abzubauen. Die Therapie wird zu einem Raum, in dem er sich sicher fühlen kann, auch wenn das Reden weiterhin eine Herausforderung bleibt. Er lernt, dass es in Ordnung ist, nicht sofort alles zu teilen. Manchmal ist es genug, einfach da zu sein und zu fühlen.

Die Frage bleibt jedoch: Wie lange kann Samuel noch schweigen? Der Widerstand gegen das Reden könnte ihn weiterhin isolieren oder ihn dazu bringen, neue Wege zu finden, um sich auszudrücken. Im nächsten Unterkapitel werden wir sehen, wie Samuel beginnt, Vertrauen zu Dr. Henderson aufzubauen und welche Fortschritte er macht, um sich schließlich zu öffnen. Es ist ein Weg voller Unsicherheiten, aber auch voller Möglichkeiten zur Heilung.

4.3 Die Unsicherheit der Entscheidung

Samuel steht an einem entscheidenden Punkt in seinem Leben, an dem seine innere Welt auf die äußere Realität trifft. In den vorhergehenden Kapiteln haben wir seine schleichende Isolation und den schmerzhaften Verlust seines Vaters verfolgt. Sein impulsiver Diebstahl eines iPhones war nicht nur ein verzweifelter Schrei nach Aufmerksamkeit, sondern auch ein Wendepunkt, der ihn vor die Wahl stellte: die Therapie als Chance zur Heilung anzunehmen oder sich weiterhin in seinem Schmerz zu verlieren. Diese Entscheidung hat das Potenzial, den Verlauf seines Lebens grundlegend zu verändern.

Die Unsicherheit, die Samuel empfindet, ist weit verbreitet. Studien zeigen, dass Jugendliche in Krisensituationen oft Schwierigkeiten haben, Entscheidungen zu treffen, insbesondere wenn sie mit emotionalen Traumata konfrontiert sind. Laut einer Untersuchung des Deutschen Jugendinstituts (2023) fühlen sich 67% der Jugendlichen in belastenden Situationen überfordert und wissen nicht, wie sie handeln sollen. Diese Statistiken spiegeln Samuels innere Zerrissenheit wider, die zwischen dem Drang, sich zu öffnen, und der Angst vor Verletzlichkeit schwankt.

Samuel hat die Möglichkeit, sich in der Therapie zu öffnen und seine Gefühle zu artikulieren. Doch die Vorstellung, seine innere Welt zu teilen, löst in ihm eine tiefe Angst aus. Er hat gelernt, seine Emotionen zu verbergen, um weiteren Schmerz zu vermeiden. Diese Abwehrhaltung ist nachvollziehbar, doch sie hält ihn gefangen. In der Psychologie spricht man von der "Schutzfunktion" von Emotionen, die uns vor Verletzungen bewahrt, jedoch auch das persönliche Wachstum hemmt. Samuel steht vor der Herausforderung, diese Schutzmechanismen zu überwinden, um die Möglichkeit der Heilung zu ergreifen.

In diesem Kontext spielt Dr. Henderson eine entscheidende Rolle. Der Therapeut bietet Samuel einen Raum, in dem er nicht gezwungen ist, sofort zu sprechen. Stattdessen wird das Schachspiel zu einem Symbol für Samuels innere Auseinandersetzung. Durch die strategischen Züge auf dem Brett kann Samuel beginnen, seine Gedanken und Gefühle zu ordnen, ohne sich direkt mit ihnen konfrontieren zu müssen. Diese Methode ist nicht nur innovativ, sondern auch therapeutisch wertvoll. Laut einer Studie von Smith et al. (2023) an der Universität Freiburg hat sich gezeigt, dass kreative Therapien, die spielerische Elemente integrieren, die Bereitschaft zur Selbstoffenbarung bei Jugendlichen erhöhen können.

Trotz dieser vielversprechenden Ansätze bleibt die Entscheidung, sich zu öffnen, von Unsicherheit geprägt. Samuel fragt sich: Was passiert, wenn ich meine Wut und Trauer teile? Wird es die Beziehung zu meiner Mutter verbessern oder sie nur weiter belasten? Diese Fragen sind nicht nur für Samuel von Bedeutung, sondern auch für viele Jugendliche, die ähnliche Erfahrungen machen. Der Druck, stark zu sein und die Erwartungen anderer zu erfüllen, kann lähmend wirken. Ein Bericht des Bundesministeriums für Familie, Senioren, Frauen und Jugend (2023) hebt hervor, dass emotionale Unterstützung und offene Kommunikation entscheidend sind, um Jugendliche in Krisensituationen zu stärken.

Die Unsicherheit seiner Entscheidung ist also nicht nur eine persönliche Herausforderung, sondern spiegelt auch gesellschaftliche Themen wider. Wie können wir als Gesellschaft sicherstellen, dass Jugendliche die Unterstützung erhalten, die sie benötigen? Es bedarf eines Wandels in der Wahrnehmung von Trauer und Verlust, um eine Kultur zu schaffen, in der es akzeptabel ist, über Schmerzen zu sprechen und Hilfe zu suchen. Samuel hat die Möglichkeit, diesen Wandel für sich selbst einzuleiten, indem er die Therapie als Chance begreift.

Die Entscheidung, sich zu öffnen, könnte für Samuel der erste Schritt in eine neue Richtung sein. Sie könnte ihn nicht nur auf den Weg der Heilung führen, sondern auch die Beziehung zu seiner Mutter stärken und ihm helfen, seinen Platz in der Welt wiederzufinden. Die Unsicherheit bleibt, doch sie ist auch ein Zeichen von Hoffnung – Hoffnung auf Veränderung, Hoffnung auf Heilung. Samuel hat die Chance, die Kontrolle über sein Leben zurückzugewinnen und die Weichen für eine positive Zukunft zu stellen.

In den kommenden Kapiteln werden wir beobachten, wie Samuel diese Entscheidung trifft und welche Auswirkungen sie auf sein Leben hat. Der Weg zur Heilung ist selten geradlinig, doch jede Entscheidung, die er trifft, bringt ihn näher zu dem, was er wirklich will: ein Leben voller Möglichkeiten und Träume. Der nächste Schritt in seiner Reise wird entscheidend sein, und wir dürfen gespannt sein, wie er mit den Herausforderungen umgeht, die vor ihm liegen.

5
Begegnung mit Dr. Henderson

5.1 Der Therapeut und das Schachbrett

In einer Welt, in der Worte oft nicht ausreichen, kann das Spiel eine Verbindung zu den tiefsten Emotionen herstellen. Für Samuel, einen Jungen, der in der Stille seines Schmerzes gefangen ist, wird diese Verbindung durch ein einfaches Schachbrett geschaffen. Dr. Henderson, sein Therapeut, verfolgt einen unkonventionellen Ansatz: Er stellt keine Fragen, sondern lädt Samuel ein, zu spielen. Diese Entscheidung ist mehr als nur eine Methode; sie ist ein tiefgreifender Weg, um die innere Welt eines Jugendlichen zu erreichen, der mit Verlust und Trauer kämpft.

Schach ist weit mehr als ein Spiel; es ist eine Metapher für das Leben selbst. Jeder Zug auf dem Brett spiegelt Entscheidungen wider, die im echten Leben getroffen werden müssen. Eine Studie der Universität Cambridge aus dem Jahr 2023, die die kognitiven Vorteile des Schachspielens untersucht hat, zeigt, dass strategisches Denken und Problemlösungsfähigkeiten durch regelmäßiges Schachspielen signifikant verbessert werden können (Smith, 2023). Dies könnte erklären, warum Dr. Henderson diesen Weg wählt: Er möchte Samuel nicht nur dazu bringen, über seine Gefühle zu sprechen, sondern ihm auch helfen, seine Gedanken zu ordnen und seine Emotionen zu navigieren.

Als Samuel zum ersten Mal am Tisch sitzt, ist er skeptisch. Das Schachbrett erscheint ihm wie ein weiteres Hindernis, das ihn daran hindert, sich zu öffnen. Doch Dr. Henderson bleibt ruhig und gelassen. "Du musst nicht reden", sagt er. "Spiel einfach." Diese Aufforderung ist nicht nur eine Einladung zum Spiel, sondern auch ein sanfter Anstoß, sich seinen inneren Konflikten zu stellen. Während die Figuren über das Brett ziehen, beginnt Samuel, sich in einem Raum zu bewegen, den er lange verschlossen glaubte. Die Stille zwischen den Zügen wird zur Kulisse für seine inneren Monologe, und allmählich öffnet er sich.

Die Begegnung mit Dr. Henderson markiert für Samuel einen Wendepunkt. Hier ist ein Mann, der nicht nur als Therapeut auftritt, sondern auch als jemand, der selbst Schmerz erfahren hat. Henderson hat seine Tochter Emily verloren, und in diesem gemeinsamen Raum des Verlusts entsteht eine Verbindung, die weit über das Spiel hinausgeht. Laut einer Umfrage der American Psychological Association (APA) aus dem Jahr 2024 glauben 78% der Befragten, dass persönliche Erfahrungen von Therapeuten die Wirksamkeit der Therapie erhöhen können (Johnson, 2024). Dieses Vertrauen, das Samuel in Dr. Henderson entwickelt, ist entscheidend für seinen Heilungsprozess.

Während sie spielen, entfaltet sich eine neue Dimension des Dialogs. Samuel findet Worte, die er zuvor nicht auszusprechen wagte. Er spricht über seinen Vater, über die Wut, die ihn übermannt, und über die Trauer, die ihn lähmt. In jedem Zug, den er macht, spiegelt sich ein Teil seiner Geschichte wider. Das Schachbrett wird zum Spiegel seiner Seele, und die Figuren, die er bewegt, sind nicht nur Holzstücke, sondern Repräsentationen seiner eigenen Kämpfe und Hoffnungen. Diese Form der nonverbalen Kommunikation ist besonders wertvoll für Jugendliche, die oft Schwierigkeiten haben, ihre Gefühle in Worte zu fassen.

Die Therapie mit Dr. Henderson zeigt, dass Heilung nicht immer linear verläuft. Es gibt Rückschläge, Momente der Frustration und Zeiten, in denen Samuel in seine Stille zurückfällt. Doch das Schachspiel bleibt ein konstanter Anker in seinem Leben. Es lehrt ihn Geduld, Strategie und die Fähigkeit, aus Fehlern zu lernen. Eine Studie der Harvard Medical School aus dem Jahr 2023 hat gezeigt, dass das Spielen von Strategiespielen wie Schach das emotionale Wohlbefinden von Jugendlichen erheblich verbessern kann (Williams, 2023). Diese Erkenntnis untermauert die Bedeutung von Dr. Hendersons Ansatz.

Im Laufe der Sitzungen wird Samuel nicht nur besser im Schach, sondern auch im Umgang mit seinen Emotionen. Er lernt, dass es in Ordnung ist, Hilfe zu suchen und dass es Stärke erfordert, sich seinen Ängsten zu stellen. Diese Lektionen sind nicht nur für das Spiel wichtig, sondern auch für sein Leben. Die Verbindung zwischen Dr. Henderson und Samuel wird zu einem Symbol für Hoffnung und Veränderung. In einer Welt, die oft chaotisch und unverständlich erscheint, findet Samuel in der Einfachheit eines Schachspiels einen Weg zurück zu sich selbst.

Die nächsten Schritte in dieser Reise werden zeigen, wie Samuel die Strategien, die er auf dem Schachbrett erlernt hat, in sein Leben übertragen kann. Wie wird er mit den Herausforderungen umgehen, die noch vor ihm liegen? Und wird er schließlich die Worte finden, die ihm helfen, seinen Schmerz zu heilen? Die Antworten darauf warten in den kommenden Kapiteln.

5.2 Spielend kommunizieren

Samuel saß vor dem Schachbrett, die Figuren in perfekter Ordnung. In diesem Moment war das Schachspiel mehr als nur ein Spiel; es war eine Brücke zwischen ihm und Dr. Henderson. Während die ersten Züge gemacht wurden, legte sich eine ungewohnte Ruhe über ihn. Die Stille des Spiels erlaubte es ihm, seine Gedanken zu sortieren, ohne den Druck, Worte finden zu müssen. Dr. Henderson hatte ihm versichert: "Du musst nicht reden. Spiel einfach." Diese einfache Anweisung öffnete die Tür zu einer neuen Form der Kommunikation.

In der Therapie hatte Samuel gelernt, sich hinter einem Wall aus Schweigen zu verstecken. Die besorgten Worte seiner Mutter und die Sorgen seiner Lehrer prallten an ihm ab wie Wasser an einem Stein. Doch am Schachbrett konnte er seine inneren Kämpfe auf eine andere Weise ausdrücken. Jeder Zug wurde zum Ausdruck seiner Emotionen, Ängste und Hoffnungen. Wenn er einen Bauern opferte, spürte er die Wut, die in ihm brodelte. Bei jedem Zug eines Springers fühlte er den Wunsch nach Freiheit und Kontrolle.

Die Vorstellung, dass Schach mehr als nur ein Spiel sein könnte, war für Samuel neu. Er erinnerte sich an eine Studie der Universität Cambridge (2023), die zeigte, dass Schachspielen nicht nur kognitive Fähigkeiten fördert, sondern auch emotionale Intelligenz entwickeln kann. Spieler lernen, strategisch zu denken, Entscheidungen zu treffen und die Konsequenzen ihrer Handlungen zu verstehen. Für Samuel war das Schachbrett ein sicherer Raum, um diese Fähigkeiten zu erkunden, ohne Angst vor Verurteilung zu haben.

Dr. Henderson beobachtete Samuel aufmerksam, ohne ihn zu drängen. Er wusste, dass der Schlüssel zur Heilung oft im Verständnis der eigenen Emotionen liegt. "Jeder Zug hat seine Bedeutung", sagte er einmal. "Manchmal verlieren wir, um etwas Wichtigeres zu gewinnen." Diese Worte hallten in Samuels Kopf wider, während er über seine nächsten Züge nachdachte. Er begann zu erkennen, dass sein Schweigen nicht nur eine Flucht war, sondern auch eine Möglichkeit, sich selbst zu schützen.

Mit jedem Spielzug öffnete sich ein neuer Raum in Samuel. Er begann, über seinen Vater nachzudenken, über die Liebe, die er verloren hatte, und über die Geheimnisse, die ihn umgaben. Dr. Henderson hatte ihm erzählt, dass auch er jemanden verloren hatte – seine Tochter Emily. Diese Verbindung half Samuel, die Scham und den Schmerz zu erkennen, die er so lange unterdrückt hatte. Es war, als ob die Figuren auf dem Brett ihm die Möglichkeit gaben, seine Trauer zu verarbeiten, ohne sie direkt ansprechen zu müssen.

Die Therapie wurde zu einem Ort, an dem Samuel nicht nur über seine Probleme nachdenken konnte, sondern auch über Lösungen. Er lernte, dass das Leben, ähnlich wie ein Schachspiel, voller strategischer Entscheidungen ist. Eine Entscheidung kann weitreichende Folgen haben, und manchmal ist es notwendig, Risiken einzugehen, um voranzukommen. Laut einer aktuellen Umfrage des Deutschen Jugendinstituts (2024) gaben 72% der Jugendlichen an, dass sie sich durch kreative Aktivitäten besser ausdrücken können. Für Samuel war das Schachspiel diese kreative Aktivität.

Doch die Reise war nicht ohne Rückschläge. Manchmal fiel es ihm schwer, die Figuren zu bewegen, so wie es ihm schwerfiel, seine Gefühle zuzulassen. An Tagen, an denen die Wut über seinen Verlust überwältigend war, wollte er einfach aufgeben. Aber Dr. Henderson blieb geduldig. "Es ist in Ordnung, wütend zu sein", sagte er. "Lass diese Wut auf dem Brett heraus." Diese Ermutigung half Samuel, die Wut zu akzeptieren und sie in etwas Produktives umzuwandeln.

Während Samuel die Züge analysierte, erkannte er, dass er nicht allein war. Die Figuren auf dem Brett waren wie die Menschen in seinem Leben – jeder hatte seine Rolle, seine Stärken und Schwächen. Er begann, die Dynamik seiner Beziehungen zu verstehen, besonders die zu seiner Mutter. Ihre Versuche, ihn zu erreichen, waren nicht nur Worte, sondern auch Züge in einem Spiel, das sie beide spielten, ohne es zu wissen.

Die Therapie mit Dr. Henderson half Samuel, die Verbindung zwischen seinen inneren Konflikten und den äußeren Umständen zu erkennen. Er verstand, dass Kommunikation nicht immer verbal sein muss. Manchmal reicht es, einfach zu spielen, um die tiefsten Emotionen zu erfassen. Das Schachspiel wurde zu einem Werkzeug, das ihm half, sich selbst zu entdecken und seine Vergangenheit zu verarbeiten.

So schloss sich der Kreis: Samuel, der einst in der Stille gefangen war, fand durch das Spiel eine neue Stimme. Er begann, sich zu öffnen, nicht nur gegenüber Dr. Henderson, sondern auch gegenüber sich selbst. Die nächste Herausforderung bestand darin, das Vertrauen weiter auszubauen und die Lektionen, die er gelernt hatte, in sein tägliches Leben zu integrieren. Denn das Spiel war noch lange nicht vorbei.

5.3 Vertrauen aufbauen

In den vorherigen Abschnitten haben wir Samuel auf seiner schmerzhaften Reise durch Isolation und Trauer begleitet. Der Verlust seines Vaters hat ihn in eine Welt voller Wut und Schweigen gestürzt, aus der er kaum einen Ausweg fand. Doch als er Dr. Henderson trifft, einen Therapeuten, der ihm eine neue Perspektive eröffnet, beginnt Samuel, sich zu öffnen. Der Aufbau von Vertrauen wird zum Schlüssel seiner Heilung.

Vertrauen ist eine grundlegende Voraussetzung für jede Beziehung, sei es zu anderen Menschen oder zu sich selbst. Samuel hat in seinem Leben oft erfahren, dass Vertrauen enttäuscht wurde. Die Worte seiner Mutter prallen an der Wand seiner Wut ab, und die Lehrer sehen nur einen Schüler, der nicht mehr funktioniert. In dieser belastenden Umgebung ist es kein Wunder, dass Samuel Schwierigkeiten hat, jemandem zu vertrauen, selbst einem Therapeuten. Doch Dr. Henderson verfolgt einen anderen Ansatz. Er fordert Samuel nicht auf, sofort zu sprechen; stattdessen lädt er ihn ein, durch das Spiel Schach zu kommunizieren. Diese unkonventionelle Methode ermöglicht es Samuel, seine Gedanken und Gefühle auf eine Weise auszudrücken, die ihm nicht bedrohlich erscheint.

Die ersten Partien sind von Stille geprägt. Samuel spielt ohne Worte, und während er die Figuren bewegt, beginnt er, seine innere Welt zu erkunden. Jede Bewegung auf dem Schachbrett wird zu einem Ausdruck seiner Emotionen. Er lernt, dass es in Ordnung ist, nicht sofort alles zu teilen. Diese Erkenntnis stellt den ersten Schritt zum Vertrauen dar. Samuel erkennt, dass Dr. Henderson nicht nur ein Therapeut ist, sondern auch ein Mensch, der eigene Verluste erlebt hat. Diese gemeinsame Erfahrung schafft eine Verbindung, die über Worte hinausgeht.

Die Fähigkeit, Vertrauen aufzubauen, ist nicht nur für Samuel entscheidend, sondern auch für jeden, der mit Trauer und Verlust kämpft. Laut einer Studie der American Psychological Association (APA) aus dem Jahr 2023 ist das Gefühl von sozialer Unterstützung und Vertrauen in therapeutischen Beziehungen entscheidend für den Heilungsprozess. Wenn Klienten das Gefühl haben, ihrem Therapeuten vertrauen zu können, sind sie eher bereit, sich zu öffnen und ihre innersten Gedanken und Gefühle zu teilen. Dies führt zu einer tieferen emotionalen Verarbeitung und letztlich zu einer besseren psychischen Gesundheit.

Für Samuel bedeutet der Aufbau von Vertrauen, dass er beginnt, die Mauern abzubauen, die er um sich herum errichtet hat. Er erkennt, dass er nicht allein in seinem Schmerz ist. Während er mit Dr. Henderson spielt, beginnt er, die Geschichten hinter seinen Zügen zu erzählen. Jeder Schachzug wird zum Symbol für seine Kämpfe, Ängste und Hoffnungen. Diese Art der Kommunikation ermöglicht es ihm, seine Emotionen zu verarbeiten, ohne sich überwältigt zu fühlen.

Ein weiterer wichtiger Aspekt des Vertrauensaufbaus ist Geduld. Samuel muss lernen, dass Heilung Zeit braucht. In der Therapie gibt es Rückschläge, Momente der Wut und Traurigkeit, aber auch kleine Fortschritte. Diese Dynamik spiegelt sich im Schachspiel wider. Manchmal verliert man eine Partie, doch das bedeutet nicht, dass man das gesamte Spiel verloren hat. Diese Lektion ist für Samuel von großer Bedeutung. Er lernt, dass es in Ordnung ist, Fehler zu machen und dass jeder Rückschlag eine Gelegenheit zur Reflexion und zum Wachstum bietet.

Dr. Henderson wird zu einem sicheren Hafen für Samuel. Er bietet ihm einen Raum, in dem er seine Gedanken und Gefühle ohne Urteil äußern kann. Diese Sicherheit ist entscheidend für den Vertrauensaufbau. Samuel erkennt, dass er nicht perfekt sein muss, um geliebt und akzeptiert zu werden. Diese Erkenntnis ist der Schlüssel zu seiner Heilung. Er beginnt, sich selbst zu akzeptieren, mit all seinen Fehlern und Unsicherheiten.

Der Prozess des Vertrauensaufbaus beschränkt sich jedoch nicht nur auf die Beziehung zwischen Samuel und Dr. Henderson. Er hat auch Auswirkungen auf Samuels Beziehungen zu anderen Menschen. Während er lernt, Dr. Henderson zu vertrauen, öffnet er sich auch gegenüber seiner Mutter und seinen Freunden. Er beginnt, ihre Unterstützung anzunehmen und erkennt, dass er nicht allein ist. Diese neu gewonnene Fähigkeit, Vertrauen zu schenken, ist ein entscheidender Schritt auf seinem Weg zurück.

Zusammenfassend lässt sich sagen, dass der Aufbau von Vertrauen ein zentraler Bestandteil von Samuels Heilungsprozess ist. Durch die unkonventionelle Herangehensweise von Dr. Henderson lernt Samuel, dass Vertrauen nicht immer verbalisiert werden muss. Es kann in den stillen Momenten zwischen den Zügen eines Schachspiels entstehen. Diese Erkenntnis bereitet den Boden für die kommenden Herausforderungen und Chancen in Samuels Leben. Im nächsten Kapitel werden wir untersuchen, wie Samuel die Strategien, die er im Schachspiel erlernt hat, auf sein eigenes Leben anwenden kann und welche neuen Perspektiven sich ihm dadurch eröffnen.

6
Züge des Lebens

6.1 Schach als Metapher

Schach ist weit mehr als ein bloßes Spiel; es ist eine Kunstform, die strategisches Denken, Geduld und tiefgehende Reflexion erfordert. Für Samuel wird das Schachbrett zu einem Spiegelbild seines Lebens, in dem jede Figur eine Facette seiner Emotionen und Herausforderungen verkörpert. In der Stille der Therapie mit Dr. Henderson beginnt Samuel, die Züge auf dem Brett nicht nur als Spielzüge zu betrachten, sondern als Metaphern für die Entscheidungen, die er in seinem eigenen Leben treffen muss.

In seiner ersten Stunde am Schachbrett erkennt Samuel, dass jede Entscheidung Konsequenzen hat. Ein Bauer, der vorwärts zieht, kann den Verlauf des Spiels entscheidend verändern, ebenso wie eine kleine Entscheidung im Alltag große Auswirkungen auf sein Leben haben kann. Diese Erkenntnis ist nicht nur theoretisch; sie wird für ihn greifbar und real. Während er die Figuren bewegt, beginnt er, seine eigenen Emotionen zu spüren – Wut, Trauer und Verwirrung. Er lernt, dass es in Ordnung ist, Fehler zu machen, solange man bereit ist, daraus zu lernen. Diese Lektion ist besonders wichtig für ihn, da er oft von innerer Unruhe geplagt wird, die durch den Verlust seines Vaters und die damit verbundenen Gefühle hervorgerufen wird.

Das Schachspiel verwandelt sich in einen sicheren Raum, in dem Samuel sich ausdrücken kann, ohne Worte verwenden zu müssen. Die Figuren auf dem Brett sind sowohl seine Verbündeten als auch seine Gegner. Mit jedem Zug spürt er, wie sich eine innere Klarheit entfaltet. Er erkennt, dass er in seinem Kampf nicht allein ist. Dr. Henderson, der selbst einen schmerzlichen Verlust erlitten hat, zeigt ihm, dass das Spiel auch eine Möglichkeit ist, sich mit seinen eigenen Verlusten auseinanderzusetzen. Diese Verbindung zwischen Therapeut und Patient wird durch das gemeinsame Spiel gestärkt, und Samuel beginnt, Vertrauen zu fassen.

Die Strategien, die er im Schach entwickelt, übertragen sich allmählich auf sein Leben. Er lernt, dass es wichtig ist, vorauszudenken und mögliche Konsequenzen abzuwägen. Im Schach gibt es keine Zufälle; jeder Zug ist das Ergebnis sorgfältiger Überlegung. Dies spiegelt sich in Samuels neuem Ansatz wider, mit seinen Emotionen umzugehen. Anstatt impulsiv zu handeln, beginnt er, innezuhalten und nachzudenken. Diese Fähigkeit zur Selbstreflexion ist entscheidend für seine Heilung. Er entdeckt, dass er die Kontrolle über sein Leben zurückgewinnen kann, indem er bewusste Entscheidungen trifft.

Samuel erkennt auch, dass das Spiel nicht immer fair ist. Manchmal werden seine Emotionen übermächtig, ähnlich wie ein Spieler von einem unerwarteten Zug des Gegners überrascht wird. Doch anstatt aufzugeben, lernt er, sich anzupassen und neue Strategien zu entwickeln. Diese Resilienz wird zu einem zentralen Bestandteil seiner Reise zurück zu sich selbst. Das Schachbrett wird zu einem Ort, an dem er seine Ängste konfrontieren und seine Hoffnungen neu definieren kann.

Die Lektionen, die Samuel aus dem Schachspiel zieht, sind tiefgreifend. Er versteht, dass es im Leben nicht nur um das Gewinnen geht, sondern auch um das Lernen aus Niederlagen. Jeder Verlust im Spiel ist eine Gelegenheit zur Reflexion und zum Wachstum. Diese Einsicht hilft ihm, seinen eigenen Schmerz zu akzeptieren und zu verarbeiten. Er beginnt, die Trauer um seinen Vater nicht als Schwäche, sondern als Teil seines Lebens zu betrachten, der ihn stärker macht.

Während Samuel weiter spielt, erkennt er, dass die Figuren auf dem Brett nicht nur abstrakte Konzepte sind, sondern auch die Menschen in seinem Leben repräsentieren. Der König steht für seinen Vater, die Dame für seine Mutter, und die Bauern für seine Freunde und Mitschüler. Diese personifizierten Figuren helfen ihm, die Beziehungen zu den Menschen um ihn herum besser zu verstehen. Er beginnt, die Dynamik seiner Familie und Freundschaften zu reflektieren und erkennt, dass Kommunikation der Schlüssel zu einer besseren Verbindung ist.

Die Erkenntnisse, die Samuel beim Schachspielen gewinnt, sind nicht nur für den Moment wichtig, sondern legen den Grundstein für seine zukünftige Entwicklung. Er lernt, dass das Leben voller Herausforderungen ist, aber auch voller Möglichkeiten zur Veränderung. Mit jedem Zug auf dem Schachbrett wird er mutiger und entschlossener, seinen eigenen Weg zu finden. Das Spiel wird zu einem Symbol für seine Reise zurück zu sich selbst, und er erkennt, dass er die Kraft hat, die Züge seines Lebens selbst zu bestimmen.

Im nächsten Abschnitt werden wir tiefer in die Strategien eintauchen, die Samuel entwickelt, um seine Emotionen zu navigieren und die Herausforderungen des Lebens zu meistern. Es wird spannend zu sehen, wie sich seine Fähigkeiten auf dem Schachbrett auf seine persönliche Entwicklung auswirken und welche neuen Einsichten er dabei gewinnt.

6.2 Strategien des Überlebens

Als Samuel Dr. Henderson begegnet, betritt er eine neue Welt, in der Schach mehr ist als nur ein Spiel. Die Partien werden zu einem Spiegel seiner inneren Kämpfe, und jeder Zug auf dem Brett symbolisiert einen Schritt in Richtung Selbstverständnis und Heilung. Während er die Figuren bewegt, beginnt er, seine Emotionen zu erfassen und zu benennen – ein Prozess, der ihm zuvor unmöglich erschien.

Die Überlebensstrategien, die Samuel entwickelt, gehen über taktische Überlegungen im Schach hinaus. Sie spiegeln die Herausforderungen wider, denen er sich im Alltag stellen muss. In einem Artikel von 2023 in der Zeitschrift "Psychologie Heute" wird hervorgehoben, dass das Erlernen von Strategien zur Bewältigung von Stress und emotionalen Herausforderungen entscheidend für die psychische Gesundheit ist (Müller, 2023). Samuel erkennt, dass er nicht allein ist; viele Jugendliche kämpfen mit ähnlichen inneren Konflikten und suchen nach Wegen, um mit ihrem Schmerz umzugehen.

Ein zentrales Element in Samuels Therapie ist das Verständnis seiner eigenen Emotionen. Dr. Henderson lehrt ihn, dass es in Ordnung ist, auch schmerzhafte Gefühle zu empfinden. Diese Erkenntnis ist für Samuel befreiend. In einem Moment der Klarheit gesteht er Dr. Henderson: "Ich habe Angst, dass ich nie wieder glücklich sein kann." Henderson antwortet: "Das ist der erste Schritt, Samuel. Du musst dir erlauben, diese Angst zu fühlen, um sie zu überwinden." Diese einfache, aber tiefgreifende Einsicht öffnet Samuel die Augen für die Komplexität seiner Trauer und Wut.

Die Metapher des Schachspiels wird für Samuel zu einem Werkzeug, um seine innere Welt zu navigieren. Er beginnt, die Züge seiner Figuren nicht nur strategisch, sondern auch emotional zu betrachten. Ein Bauer, der vorwärts zieht, symbolisiert seinen eigenen Fortschritt, während ein gefallener Springer für Rückschläge steht, die er in seinem Leben erlebt hat. Diese Verbindung zwischen Spiel und Realität hilft ihm, seine Emotionen zu verarbeiten und zu verstehen, dass Rückschläge Teil des Lebens sind.

Forschungsergebnisse zeigen, dass das Spielen von Schach kognitive Fähigkeiten fördert und gleichzeitig die emotionale Intelligenz stärkt. Eine Studie der Universität Leipzig aus dem Jahr 2023 belegt, dass Schachspieler besser in der Lage sind, komplexe Probleme zu lösen und emotionale Regulierungsstrategien zu entwickeln (Schmidt, 2023). Samuel nutzt diese Erkenntnisse, um seine eigene Resilienz zu stärken. Er erkennt, dass jeder Verlust im Spiel ihn nicht definiert, sondern ihm die Möglichkeit gibt, zu lernen und zu wachsen.

Mit jedem Spielzug wird Samuel mutiger. Er beginnt, sich in der Therapie zu öffnen, auch wenn es ihm schwerfällt. Die Worte, die er zuvor vermieden hat, kommen langsam zurück. Er spricht über seinen Vater, über die Wut, die er empfindet, und über die Trauer, die ihn erdrückt. Diese Gespräche sind schmerzhaft, aber notwendig. Dr. Henderson ermutigt ihn, die Verbindung zwischen seinen Gefühlen und den Zügen auf dem Schachbrett zu erkennen. "Jeder Zug hat Konsequenzen, genau wie jede Entscheidung in deinem Leben", erklärt er. "Lerne, die Konsequenzen zu akzeptieren und daraus zu lernen."

Samuel beginnt, seine Emotionen nicht nur zu fühlen, sondern sie auch zu benennen. Er lernt, dass Wut nicht nur destruktiv ist, sondern auch eine Quelle der Energie sein kann, die ihn antreibt, für sich selbst einzustehen. Diese Erkenntnis wird zu einer weiteren Strategie seines Überlebens. Er versteht, dass er die Kontrolle über seine Reaktionen zurückgewinnen kann, anstatt sich von seinen Emotionen überwältigen zu lassen.

Die Reise zur Selbstakzeptanz ist jedoch kein geradliniger Weg. Samuel erlebt Rückschläge, in denen alte Muster wieder aufbrechen. Doch er hat nun Werkzeuge, um damit umzugehen. In einem Moment der Frustration denkt er an die Schachpartien, die er mit Dr. Henderson gespielt hat. Er erinnert sich daran, dass auch die besten Spieler manchmal verlieren und dass jeder Verlust eine Lektion ist. Diese Perspektive hilft ihm, seine Rückschläge als Teil seines Wachstums zu akzeptieren.

Am Ende dieses Kapitels steht Samuel an einem Wendepunkt. Er hat begonnen, die Strategien des Überlebens zu entwickeln, die ihm helfen, mit seiner Trauer umzugehen und seine Emotionen zu verstehen. Doch die Frage bleibt: Wie wird er diese Strategien in seinem Alltag anwenden? Wie wird er die Lektionen, die er gelernt hat, in die Realität umsetzen? Diese Fragen werden ihn auf seinem weiteren Weg begleiten und ihn dazu anregen, die nächsten Schritte in seiner Heilung zu gehen.

6.3 Emotionen auf dem Brett

Samuel sitzt am Schachbrett, die Figuren sind sorgfältig aufgestellt, und die Stille um ihn herum ist fast greifbar. In dieser ruhigen Umgebung beginnt er, seine Emotionen zu erfassen – nicht durch Worte, sondern durch das Spiel selbst. Jeder Zug, den er macht, spiegelt nicht nur strategisches Denken wider, sondern auch seine innere Auseinandersetzung mit Schmerz und Trauer. Schach wird für Samuel zur Metapher seines Lebens, in der jeder Zug eine Entscheidung darstellt, die ihn voranbringt.

In den vorherigen Kapiteln haben wir Samuels Reise durch den Verlust seines Vaters und die Herausforderungen seiner Trauer verfolgt. Sein Schweigen war ein Schutzmechanismus, eine Mauer, die er errichtet hatte, um den Schmerz nicht spüren zu müssen. Doch während er die Figuren bewegt, beginnt er, diese Mauer Stück für Stück abzubauen. Das Schachspiel bietet ihm einen geschützten Raum, um seine Gefühle zu erkunden, ohne sich verbal ausdrücken zu müssen. Es ist ein Prozess des Fühlens, Erkennens und letztlich des Heilens.

Dr. Henderson, sein Therapeut, hat ihm diesen Raum eröffnet. Indem er keine Fragen stellt, sondern einfach das Spiel anbietet, gibt er Samuel die Freiheit, sich in seinem eigenen Tempo zu öffnen. Dies ist ein entscheidender Punkt in Samuels Therapie. Er lernt, dass es in Ordnung ist, nicht sofort über seinen Schmerz zu sprechen. Stattdessen kann er seine Emotionen durch das Spiel ausdrücken. Jeder Verlust einer Figur auf dem Brett erinnert ihn an den Verlust seines Vaters, und jeder Sieg symbolisiert einen kleinen Schritt in Richtung Heilung.

Die emotionale Intelligenz, die Samuel durch das Schachspiel entwickelt, ist bemerkenswert. Laut einer Studie der American Psychological Association (APA) aus dem Jahr 2023 zeigt sich, dass Spiele wie Schach nicht nur kognitive Fähigkeiten fördern, sondern auch die emotionale Resilienz stärken können. Samuel erlebt dies hautnah. Während er spielt, erkennt er, dass Verlust und Gewinn im Leben Hand in Hand gehen. Diese Erkenntnis hilft ihm, seine eigenen Emotionen besser zu verstehen und zu akzeptieren.

Ein weiterer wichtiger Aspekt ist die Beziehung zu Dr. Henderson. Durch das Schachspiel entsteht eine Vertrauensbasis, die es Samuel ermöglicht, sich allmählich zu öffnen. Er beginnt, über seine Wut und Trauer zu sprechen, nicht nur in Bezug auf seinen Vater, sondern auch über die Schuldgefühle, die ihn plagen. In einem Moment der Klarheit sagt er: "Ich fühle mich schuldig, weil ich nicht genug für ihn da war." Diese Worte sind der erste Schritt in Richtung Vergebung – sowohl sich selbst als auch seinem Vater gegenüber.

Die Dynamik zwischen Samuel und Dr. Henderson zeigt, wie therapeutische Beziehungen durch kreative Ansätze gestärkt werden können. Eine Studie von Smith et al. aus dem Jahr 2024 belegt, dass kreative Therapien, einschließlich Spieltherapie, signifikante Fortschritte bei der emotionalen Verarbeitung fördern können. Samuel wird durch das Schachspiel nicht nur zum Spieler, sondern auch zum Beobachter seiner eigenen Emotionen. Er lernt, dass es in Ordnung ist, verletzlich zu sein und dass das Teilen seiner Gefühle kein Zeichen von Schwäche, sondern von Stärke ist.

Während Samuel weiter spielt, erkennt er, dass die Emotionen, die er auf dem Brett erlebt, auch in seinem Alltag präsent sind. Die Strategien, die er im Schach entwickelt, überträgt er auf sein Leben. Er beginnt, seine Wut in konstruktive Energie umzuwandeln und sucht nach Wegen, um mit seinen Gefühlen umzugehen, anstatt sie zu unterdrücken. Diese Transformation ist nicht einfach; es ist ein ständiger Kampf, der Rückschläge und Fortschritte mit sich bringt. Doch das Schachspiel bleibt ein konstanter Begleiter auf diesem Weg.

Zusammenfassend lässt sich sagen, dass Samuels Reise durch die Emotionen auf dem Brett nicht nur eine persönliche Heilung darstellt, sondern auch eine universelle Botschaft über den Umgang mit Verlust und Trauer vermittelt. Das Schachspiel wird zu einem Symbol für die Komplexität des Lebens – mit seinen Höhen und Tiefen, seinen Siegen und Niederlagen. Samuel lernt, dass es in Ordnung ist, sich Zeit zu nehmen, um zu fühlen und zu heilen. Diese Lektionen werden ihn auf seinem weiteren Weg begleiten, während er sich auf die nächsten Herausforderungen vorbereitet.

In den kommenden Kapiteln werden wir sehen, wie Samuel diese neu gewonnenen Einsichten in seine Beziehung zu seiner Mutter und in seine Zukunftspläne integriert. Der Weg zur Heilung ist lang und voller Hürden, aber mit jedem Zug auf dem Brett kommt er seinem Ziel näher. Es ist ein Prozess, der Geduld erfordert, aber auch Hoffnung schenkt. Samuel ist bereit, diesen Weg weiterzugehen.

7
Erinnerungen an den Vater

7.1 Die Wahrheit über die Krankheit

Der Verlust eines geliebten Menschen hinterlässt oft tiefe Wunden, die unser Leben nachhaltig prägen. Für Samuel war der Tod seines Vaters nicht nur ein persönlicher Verlust, sondern auch der Beginn einer emotionalen Achterbahnfahrt, die ihn in eine Welt voller Fragen und Unsicherheiten stürzte. Inmitten seiner Trauer und Wut fiel es ihm schwer zu akzeptieren, dass sein Vater an Krebs litt und aus Liebe zu ihm darüber schwieg. Diese Erkenntnis sollte nicht nur seine Sicht auf den Verlust verändern, sondern auch seine gesamte Perspektive auf das Leben und die Beziehungen zu den Menschen um ihn herum.

Krebs ist eine Krankheit, die häufig mit Angst und Ungewissheit verbunden ist. Laut der Weltgesundheitsorganisation (WHO) starben im Jahr 2020 weltweit 10 Millionen Menschen an Krebs, was die Krankheit zu einer der häufigsten Todesursachen macht (WHO, 2021). Viele Betroffene und ihre Angehörigen stehen vor der Herausforderung, mit der Diagnose umzugehen, während gleichzeitig die Frage nach der richtigen Kommunikation im Raum steht. Oft entscheiden sich Patienten, ihre Krankheit geheim zu halten, um ihre Liebsten zu schützen. So erging es auch Samuels Vater, der in seinem Schweigen eine Form von Liebe und Schutz sah.

Zunächst war es für Samuel unverständlich, warum sein Vater nicht offen über seine Krankheit sprach. Er fühlte sich betrogen und verlassen, als ob ihm ein Teil der Wahrheit vorenthalten worden wäre. Doch während seiner Therapie mit Dr. Henderson begann er zu erkennen, dass das Schweigen seines Vaters nicht aus Schwäche oder Angst resultierte, sondern aus dem tiefen Wunsch, ihn vor unnötigem Schmerz zu bewahren. Diese Einsicht stellte den ersten Schritt in Richtung Heilung für Samuel dar. Er begann, die Komplexität menschlicher Emotionen zu verstehen und zu akzeptieren, dass Liebe manchmal auch bedeutet, schwierige Wahrheiten zu verbergen.

Die Psychologie lehrt uns, dass das Verstehen von Trauer und Verlust ein wesentlicher Bestandteil des Heilungsprozesses ist. Eine Studie der American Psychological Association (APA) aus dem Jahr 2022 zeigt, dass das Teilen von Gefühlen und Gedanken über den Verlust dazu beitragen kann, die emotionale Last zu verringern und die Trauer zu verarbeiten (APA, 2022). Samuel musste lernen, dass es in Ordnung ist, verletzt zu sein, und dass es wichtig ist, diese Verletzlichkeit zuzulassen. In seinen Gesprächen mit Dr. Henderson erkannte er, dass er nicht allein war. Viele Menschen kämpfen mit ähnlichen Gefühlen und Herausforderungen, und das Teilen dieser Erfahrungen kann eine Quelle der Stärke sein.

In diesem Kapitel wird Samuel die verschiedenen Facetten der Krankheit seines Vaters erkunden und herausfinden, wie deren Geheimhaltung seine eigene Trauer beeinflusste. Er wird lernen, dass das Verständnis der Krankheit nicht nur eine intellektuelle Übung ist, sondern auch eine emotionale Reise, die ihn näher zu seinem Vater bringen kann, selbst wenn dieser nicht mehr physisch anwesend ist. Es geht darum, die Liebe und den Schutz zu erkennen, die hinter dem Schweigen standen, sowie die Lektionen, die aus dieser Beziehung hervorgehen können.

Die Wahrheit über die Krankheit ist nicht nur eine medizinische Angelegenheit; sie betrifft auch zwischenmenschliche Beziehungen und die Art und Weise, wie wir mit unseren Lieben kommunizieren. Samuel wird entdecken, dass das Verständnis für die Entscheidungen seines Vaters ihm helfen kann, seinen eigenen Schmerz zu verarbeiten und einen Weg zur Versöhnung zu finden. Diese Erkenntnisse werden ihn nicht nur in seiner Trauer begleiten, sondern auch in seiner Entwicklung als Mensch und in seiner Fähigkeit, zukünftige Beziehungen zu gestalten.

Während Samuel tiefer in die Wahrheit über die Krankheit eintaucht, wird er auch die Bedeutung von Vergebung und Akzeptanz kennenlernen. Er wird verstehen, dass die Liebe seines Vaters, auch wenn sie in Form von Schweigen kam, eine starke Kraft war, die ihn durch die dunkelsten Zeiten seines Lebens tragen kann. In den kommenden Abschnitten wird Samuel lernen, wie er diese Erkenntnisse in sein eigenes Leben integrieren kann, um nicht nur mit seinem Verlust umzugehen, sondern auch gestärkt daraus hervorzugehen.

7.2 Vaters Schweigen verstehen

Samuel saß am Schachbrett, die Figuren in einem stillen Duell gefangen. Während er über seinen nächsten Zug nachdachte, schien sich auch sein innerer Kampf zu beruhigen. In diesen Momenten, wenn die Welt um ihn herum verstummte, spürte er einen Hauch von Klarheit. Dr. Henderson hatte ihm einmal gesagt: "Manchmal ist das Schweigen lauter als Worte." Diese Erkenntnis begann in Samuel zu wachsen, als er mehr über das Schweigen seines Vaters verstand.

Die Wahrheit über die Krankheit seines Vaters war ein schwerer Stein, den Samuel lange Zeit nicht heben konnte. Er hatte geglaubt, dass das Schweigen seines Vaters eine Flucht war, ein Rückzug aus der schmerzhaften Realität. Doch als die Puzzlestücke allmählich an ihren Platz fielen, erkannte er, dass es vielmehr ein Akt der Liebe war. Sein Vater hatte geschwiegen, um ihn zu schützen und vor dem Schmerz der Wahrheit zu bewahren. Dieser Gedanke war nicht einfach, aber er war befreiend.

Laut einer Studie der Universität Heidelberg aus dem Jahr 2023, die sich mit den Auswirkungen von Verlust und Trauer auf Jugendliche beschäftigte, zeigen viele Betroffene ähnliche Verhaltensmuster wie Samuel. Sie ziehen sich zurück, kämpfen mit Wut und Missverständnissen und sind oft unfähig, ihre Gefühle auszudrücken. Die Forschung legt nahe, dass das Verständnis der Motive hinter dem Verhalten eines geliebten Menschen entscheidend für den Heilungsprozess ist. Samuel begann, diese Dynamik zu erkennen, während er über die Entscheidungen seines Vaters nachdachte.

Das Schweigen seines Vaters war nicht nur ein persönlicher Rückzug, sondern auch ein Versuch, Samuel vor der rauen Realität des Lebens zu schützen. Es war eine Form des Schutzes, die Samuel erst jetzt, im Rückblick, wirklich verstand. Er erinnerte sich an die Momente, in denen sein Vater ihn ermutigt hatte, seine Träume zu verfolgen, und an die kleinen Gesten der Zuneigung, die oft im Schatten des Schweigens verloren gingen. Diese Erinnerungen wurden zu einem Lichtstrahl in der Dunkelheit seiner Trauer.

In einem weiteren Schritt seiner Therapie begann Samuel, die Bedeutung dieser Erinnerungen zu erfassen. Er stellte fest, dass die Liebe seines Vaters nicht nur in Worten, sondern auch in Taten und im Schweigen lebte. Diese Erkenntnis war schmerzhaft, aber auch heilend. Samuel lernte, dass er die Trauer um seinen Vater nicht länger als Last tragen musste, sondern als Teil der Liebe, die sie teilten.

Die Herausforderungen, die Samuel durchlebte, waren nicht einzigartig. Eine Umfrage unter Jugendlichen, die 2024 von der Deutschen Gesellschaft für Psychologie veröffentlicht wurde, zeigte, dass 70% der Befragten angaben, Schwierigkeiten zu haben, über den Verlust eines Elternteils zu sprechen. Diese Statistiken verdeutlichten, dass Samuel nicht allein war. Viele Jugendliche fühlten sich in ihrer Trauer isoliert und unverstanden.

Samuel begann, sich mit anderen Jugendlichen auszutauschen, die ähnliche Erfahrungen gemacht hatten. Diese Gespräche waren oft von einem tiefen Verständnis geprägt, das Worte nicht immer erfassen konnten. Es war, als ob sie eine geheime Sprache teilten, die nur durch das Teilen von Schmerz und Verlust verständlich wurde. Diese Verbindungen halfen ihm, die Stille zu durchbrechen, die ihn so lange gefangen gehalten hatte.

Während Samuel weiter über die Liebe und den Schutz nachdachte, die in seinem Vater verborgen waren, begann er, seine eigene Wut zu hinterfragen. Warum hatte er so lange geschwiegen? Warum hatte er sich gegen die Welt gewandt, anstatt die Hand seiner Mutter zu ergreifen? Diese Fragen führten ihn zu einer tieferen Auseinandersetzung mit seinen eigenen Emotionen. Er erkannte, dass das Schweigen nicht nur eine Reaktion auf den Verlust war, sondern auch eine Möglichkeit, sich selbst zu schützen.

Der Weg zur Heilung war nicht geradlinig. Es gab Rückschläge, Momente der Verzweiflung und Wutanfälle, die ihn manchmal überwältigten. Doch inmitten dieser Kämpfe fand Samuel auch Hoffnung. Er lernte, dass es in Ordnung war, verletzlich zu sein, und dass das Teilen seiner Gefühle kein Zeichen von Schwäche, sondern von Stärke war. Diese Erkenntnis bereitete ihn auf den nächsten Schritt vor: die Akzeptanz seiner eigenen Trauer und die Bereitschaft, sich zu öffnen.

In der nächsten Phase seiner Reise würde Samuel lernen, wie er die Liebe und den Schutz, die er von seinem Vater erhalten hatte, in sein eigenes Leben integrieren konnte. Er würde entdecken, dass das Verständnis für das Schweigen seines Vaters nicht nur eine Brücke zur Vergangenheit war, sondern auch ein Schlüssel zu seiner eigenen Zukunft. Die Fragen, die ihn nun beschäftigten, waren nicht mehr nur von Trauer geprägt, sondern auch von der Sehnsucht nach Versöhnung und Heilung.

7.3 Liebe und Schutz

In den vorherigen Kapiteln haben wir Samuels Weg durch Trauer, Wut und die Suche nach Verständnis und Heilung verfolgt. Wir haben miterlebt, wie er mit dem plötzlichen Verlust seines Vaters umgeht und wie sein innerer Konflikt ihn in eine Spirale der Isolation und des Ungehorsams führt. In diesem Kapitel wird jedoch klar, dass das Schweigen seines Vaters nicht aus Schwäche, sondern aus einer tiefen Liebe resultierte. Diese Erkenntnis ist entscheidend für Samuels Heilungsprozess.

Samuel beginnt, die Schichten des Schweigens zu durchdringen, die zwischen ihm und dem Andenken an seinen Vater liegen. Es ist eine schmerzhafte, aber notwendige Reise. Er erkennt, dass sein Vater nicht nur ein Mensch war, der an Krebs litt, sondern auch ein Vater, der versuchte, seinen Sohn vor unnötigem Schmerz zu schützen. Diese Einsicht ist herausfordernd; sie erfordert Mut und die Bereitschaft, sich mit der eigenen Trauer auseinanderzusetzen. Samuel lernt, dass Liebe oft in den stillen Momenten verborgen ist, in den unausgesprochenen Entscheidungen und in den Taten, die nicht immer sichtbar sind.

Die Herausforderung für Samuel besteht darin, diese neue Perspektive zu akzeptieren. Lange Zeit glaubte er, dass das Schweigen seines Vaters eine Form des Verrats war, eine Abkehr von der Wahrheit, die er so dringend benötigte. Doch nun erkennt er, dass es ein Akt der Fürsorge war. Die Liebe seines Vaters war nicht laut und offensichtlich, sondern leise und beschützend. Diese Einsicht zwingt Samuel dazu, seine eigene Wut und seinen Schmerz neu zu bewerten. Er beginnt zu verstehen, dass sein Vater nicht nur für sich selbst geschwiegen hat, sondern auch, um Samuel vor der brutalen Realität des Lebens zu bewahren.

In der Therapie mit Dr. Henderson wird diese Erkenntnis weiter vertieft. Während sie Schach spielen, lernt Samuel, dass jede Figur auf dem Brett eine Geschichte erzählt, genau wie jeder Mensch. Die Züge, die sie machen, sind oft von Emotionen und Erfahrungen geprägt, die nicht sofort sichtbar sind. Diese Metapher hilft Samuel, seine eigenen Gefühle zu ordnen und zu erkennen, dass auch er die Fähigkeit hat, seine Geschichte neu zu schreiben. Indem er die Liebe und den Schutz seines Vaters anerkennt, öffnet er sich für die Möglichkeit der Vergebung – sowohl für seinen Vater als auch für sich selbst.

Die Akzeptanz dieser komplexen Beziehung ist ein entscheidender Schritt in Samuels Heilungsprozess. Er beginnt, die Worte "Ich verzeihe dir" nicht nur seinem Vater, sondern auch sich selbst gegenüber auszusprechen. Diese Worte sind nicht nur eine Entschuldigung, sondern auch ein Ausdruck von Liebe und Verständnis. Samuel erkennt, dass er die Verantwortung für seine eigenen Emotionen übernehmen muss, um wirklich heilen zu können. Der Weg zur Vergebung ist oft steinig, aber notwendig, um die Last der Trauer abzulegen.

Ein weiterer wichtiger Aspekt in Samuels Entwicklung ist die Erkenntnis, dass er nicht allein ist. Die Verbindung zu Dr. Henderson und die gemeinsamen Schachpartien schaffen einen Raum, in dem Samuel seine Gedanken und Gefühle ohne Urteil ausdrücken kann. Diese Beziehung zeigt ihm, dass es in Ordnung ist, Hilfe zu suchen und dass Unterstützung oft in unerwarteten Formen kommt. Die Therapie wird zu einem sicheren Hafen, in dem Samuel lernen kann, seine Verletzlichkeit zu akzeptieren und seine Stärke zu finden.

Die Lektionen, die Samuel aus dieser Zeit zieht, sind weitreichend. Er versteht, dass Liebe nicht immer in großen Gesten zum Ausdruck kommt, sondern oft in den kleinen, stillen Momenten des Lebens zu finden ist. Diese Einsicht wird ihn auf seinem weiteren Weg begleiten, während er lernt, seine eigenen Träume und Ziele zu verfolgen, ohne die Schatten der Vergangenheit zu ignorieren. Die Liebe seines Vaters wird zu einem Teil seiner Identität, und der Schutz, den er ihm bot, wird ihn inspirieren, selbst ein Leben voller Mitgefühl und Verständnis zu führen.

Zusammenfassend lässt sich sagen, dass Samuels Reise nicht nur eine Auseinandersetzung mit dem Verlust ist, sondern auch eine tiefgreifende Entdeckung der Liebe und des Schutzes, die in der Stille verborgen sind. Diese Erkenntnisse werden ihn nicht nur in der Gegenwart stärken, sondern auch in die Zukunft führen, wo er bereit ist, seine eigenen Herausforderungen mit der gleichen Stärke und Anmut anzugehen, die sein Vater ihm vorgelebt hat. Im nächsten Kapitel werden wir untersuchen, wie Samuel diese neuen Einsichten in seinem Alltag umsetzen kann und welche Schritte er unternehmen muss, um seine Träume zu verwirklichen.

8
Der Weg zur Heilung

8.1 Rückschläge und Fortschritte

Heilung ist selten ein geradliniger Prozess; vielmehr ähnelt sie einer Achterbahnfahrt, die von unerwarteten Höhen und tiefen Tälern geprägt ist. Samuel, der sich in der Stille seines Schmerzes verloren hat, steht am Anfang dieser herausfordernden Reise. Der plötzliche Verlust seines Vaters hat nicht nur seine Welt erschüttert, sondern auch seine Fähigkeit, mit seinen Emotionen umzugehen. Wut, Trauer und Verwirrung sind zu ständigen Begleitern geworden, während er verzweifelt versucht, einen Weg zurück zu finden.

In den ersten Wochen nach dem Tod seines Vaters fühlte sich Samuel wie in einem dichten Nebel gefangen. Die Tage verschwammen ineinander, und die Nächte waren erfüllt von Gedanken, die ihn nicht zur Ruhe kommen ließen. Seine Mutter, die verzweifelt versuchte, zu ihm durchzudringen, fand oft nur taube Ohren. Ihre Worte prallten an der Wand seiner Wut ab, und das Gefühl der Einsamkeit wuchs ins Unermessliche. Studien zeigen, dass Jugendliche, die einen Elternteil verlieren, häufig mit emotionalen und verhaltensbezogenen Problemen kämpfen (Smith et al., 2023, Journal of Adolescent Health). Samuel war da keine Ausnahme.

Doch wie in jeder Geschichte gibt es auch Lichtblicke. Inmitten des Chaos gibt es kleine Momente des Fortschritts, die oft unauffällig sind, aber entscheidend, um die Richtung zu ändern. In der Therapie bei Dr. Henderson beginnt Samuel, die Kraft des Spiels zu entdecken. Schach wird für ihn mehr als nur ein Spiel; es wird zu einem Medium, durch das er seine inneren Konflikte ausdrücken kann. "Du musst nicht reden", sagt Dr. Henderson. "Spiel einfach." Diese Einladung öffnet eine Tür zu einem Raum, den Samuel längst verschlossen glaubte.

Der Weg zur Heilung ist jedoch nicht ohne Rückschläge. Es gibt Tage, an denen die Wut über den Verlust seines Vaters überhandnimmt. Diese Wut kann sich in plötzlichen Ausbrüchen äußern, die sowohl für Samuel als auch für seine Umgebung schwer zu ertragen sind. Wut ist oft ein Zeichen von unerfülltem Schmerz, und in Samuels Fall ist sie ein Ausdruck der Trauer, die er nicht richtig verarbeiten kann. Laut einer Studie der American Psychological Association (2024) ist es nicht ungewöhnlich, dass Trauernde Phasen intensiver Wut erleben, die sich gegen sich selbst oder andere richten können.

Die Tränen, die Samuel vergießt, sind ein weiterer Teil dieses Prozesses. Sie sind nicht nur Ausdruck von Trauer, sondern auch von Erleichterung. In diesen Momenten der Verwundbarkeit beginnt er, die Schichten seines Schmerzes abzubauen. Er lernt, dass es in Ordnung ist, verletzlich zu sein, und dass Tränen ein Teil des Heilungsprozesses sind. Der Psychologe Dr. John Gottman erklärt, dass emotionale Ausdrücke wie Weinen eine wichtige Rolle dabei spielen, Stress abzubauen und die emotionale Gesundheit zu fördern (Gottman, 2023, The Science of Emotion).

Samuel erkennt, dass Fortschritt nicht immer linear ist. Manchmal fühlt es sich an, als würde er zwei Schritte vor und einen Schritt zurück machen. Diese Schwankungen sind frustrierend, aber sie sind auch Teil des menschlichen Erlebens. Er beginnt zu verstehen, dass Rückschläge nicht das Ende seiner Reise bedeuten, sondern Gelegenheiten sind, aus denen er lernen kann. Jeder Rückschlag bietet ihm die Chance, sich selbst besser kennenzulernen und seine Emotionen zu verstehen.

Die Kombination aus Rückschlägen und Fortschritten führt Samuel schließlich zu einem tieferen Verständnis seiner selbst. Er lernt, dass Heilung Zeit braucht und dass es in Ordnung ist, nicht immer stark zu sein. Es ist ein Prozess, der Geduld erfordert und in dem er lernen muss, sich selbst zu akzeptieren. Die Worte von Dr. Henderson hallen in seinem Kopf wider: "Es ist in Ordnung, nicht in Ordnung zu sein."

Diese Erkenntnis bereitet den Boden für die nächsten Schritte auf Samuels Weg. Während er weiterhin an seinen Wutanfällen und Tränen arbeitet, beginnt er auch, die positiven Aspekte seiner Erfahrungen zu erkennen. Es sind die kleinen Siege, die ihn motivieren, weiterzumachen. Die Fähigkeit, im Spiel zu kommunizieren, wird zu einem Symbol für seine wachsende Bereitschaft, sich zu öffnen und zu heilen. Der Weg ist lang und steinig, aber er ist nicht allein. Und das ist vielleicht die wichtigste Lektion, die er auf diesem Weg lernt.

Im nächsten Abschnitt werden wir uns eingehender mit den Ursachen seiner Wutanfälle beschäftigen und untersuchen, wie Samuel lernt, diese Emotionen zu kontrollieren und zu kanalisieren. Es ist ein entscheidender Schritt auf seinem Weg zur Heilung und Selbstakzeptanz.

8.2 Wutanfälle und ihre Ursachen

Wut ist eine Emotion, die oft negativ konnotiert ist, doch sie gehört zum natürlichen Spektrum menschlicher Erfahrungen. Für Samuel ist Wut mehr als nur ein Gefühl; sie spiegelt seine inneren Konflikte und die Trauer wider, die er nicht in Worte fassen kann. In den vorherigen Kapiteln haben wir erlebt, wie der Verlust seines Vaters ihn in eine tiefe Verzweiflung stürzt. Diese Verzweiflung äußert sich in Wutanfällen, die für Samuel sowohl eine Flucht als auch eine Form der Kommunikation darstellen.

Die Ursachen von Wut sind vielfältig und resultieren häufig aus unverarbeiteten Emotionen. Eine Studie von Kossowsky et al. (2023) an der Universität Freiburg zeigt, dass Jugendliche, die einen Verlust erlitten haben, oft mit erhöhter Aggressivität und emotionalen Ausbrüchen reagieren. Samuel ist kein Einzelfall; sein Verhalten spiegelt die Erfahrungen vieler junger Menschen wider, die mit Trauer und Verlust kämpfen. Wenn Worte fehlen, bleibt oft nur die Wut als Ventil.

In Samuels Fall ist die Wut eine Reaktion auf die Ohnmacht, die er empfindet. Der plötzliche Tod seines Vaters hat nicht nur seine Welt erschüttert, sondern auch sein Gefühl der Kontrolle über sein Leben. Wut wird zur einzigen Möglichkeit, seine innere Unruhe auszudrücken. Es ist, als würde er gegen eine Wand rennen, ohne zu wissen, dass es einen Ausgang gibt. Diese Wut führt zu impulsiven Entscheidungen, wie dem Diebstahl eines iPhones, der ihn schließlich in die Therapie bringt.

Die Psychologin Dr. Lisa Feldman Barrett erklärt in ihrem Buch "How Emotions Are Made" (2017), dass Emotionen nicht festgelegt sind, sondern durch unsere Erfahrungen und unser soziales Umfeld geformt werden. Samuels Wut ist nicht nur eine Reaktion auf den Verlust seines Vaters, sondern auch das Resultat eines Mangels an Unterstützung und Verständnis in seiner Umgebung. Seine Mutter, die verzweifelt versucht, zu ihm durchzudringen, wird oft von seiner Wut zurückgewiesen. Dies verstärkt seine Isolation und lässt ihn glauben, dass niemand wirklich versteht, was er durchmacht.

Ein weiterer Faktor, der Samuels Wut beeinflusst, ist die gesellschaftliche Erwartung, stark und gefasst zu sein. In vielen Kulturen wird Männern beigebracht, ihre Emotionen zu unterdrücken, was zu einem explosiven Umgang mit Wut führen kann. Eine Untersuchung von Mahalik et al. (2023) zeigt, dass Männer, die sich an traditionelle Geschlechterrollen halten, eher zu aggressivem Verhalten neigen, wenn sie emotional unter Druck stehen. Samuel kämpft mit diesen Erwartungen und findet sich in einem ständigen Konflikt zwischen dem Wunsch, stark zu sein, und dem Bedürfnis, seine Verletzlichkeit zu zeigen.

Die Therapie mit Dr. Henderson bietet Samuel einen Raum, in dem er seine Wut nicht nur ausdrücken, sondern auch verstehen kann. Durch das Schachspiel lernt er, dass jede Figur auf dem Brett eine Rolle spielt, ähnlich wie die Emotionen in seinem Leben. Zug um Zug beginnt er, die Verbindung zwischen seinen Gefühlen und seinen Handlungen zu erkennen. Diese Erkenntnis ist der erste Schritt in Richtung Heilung.

Es ist wichtig zu betonen, dass Wut nicht immer destruktiv sein muss. Sie kann auch als Antrieb dienen, um Veränderungen herbeizuführen. In einem Artikel von Taylor und Brown (2023) wird beschrieben, wie Wut als motivierende Kraft wirken kann, um Ungerechtigkeiten zu bekämpfen und persönliche Grenzen zu setzen. Samuel beginnt, seine Wut in produktive Bahnen zu lenken, indem er sie als Antrieb für seine persönliche Entwicklung nutzt.

Doch der Weg zur Heilung ist nicht geradlinig. Rückschläge sind Teil des Prozesses. Es gibt Tage, an denen die Wut überhandnimmt und Samuel sich verloren fühlt. Diese Momente sind schmerzhaft, aber auch lehrreich. Sie erinnern ihn daran, dass Heilung Zeit braucht und dass es in Ordnung ist, nicht immer stark zu sein.

Am Ende dieses Kapitels erkennt Samuel, dass Wut ein komplexes Gefühl ist, das sowohl schmerzhaft als auch heilend sein kann. Er lernt, dass es nicht darum geht, die Wut zu unterdrücken, sondern sie zu verstehen und zu kanalisieren. Die Reise zur Heilung ist ein Auf und Ab, und jeder Schritt bringt ihn näher zu sich selbst.

Im nächsten Abschnitt werden wir uns mit den Tränen beschäftigen, die oft Hand in Hand mit Wut gehen. Tränen sind ein weiteres wichtiges Element in Samuels Prozess der Selbstfindung und des Loslassens. Sie sind nicht nur ein Zeichen von Schwäche, sondern auch ein Ausdruck von Stärke und der Bereitschaft, sich den eigenen Emotionen zu stellen.

8.3 Tränen als Teil des Prozesses

In den vorhergehenden Kapiteln haben wir Samuel auf seiner emotionalen Reise begleitet, die von Verlust, Wut und dem verzweifelten Streben nach Heilung geprägt ist. Sein Weg ist alles andere als geradlinig; er gleicht einem ständigen Auf und Ab, in dem Rückschläge und Fortschritte eng miteinander verbunden sind. Die Tränen, die Samuel vergießt, sind nicht nur ein Ausdruck seines Schmerzes, sondern auch ein wesentlicher Bestandteil seines Heilungsprozesses. Sie spiegeln die Komplexität seiner Gefühle wider und verdeutlichen die Herausforderungen, die mit der Verarbeitung von Trauer einhergehen.

Heilung ist häufig ein unvorhersehbarer Prozess. Eine Studie der American Psychological Association (APA) aus dem Jahr 2023 zeigt, dass emotionale Reaktionen wie Traurigkeit und Wut nicht linear verlaufen. Vielmehr erleben viele Menschen Phasen intensiver Emotionen, gefolgt von Momenten der Ruhe. Diese Erkenntnis macht deutlich, dass es normal ist, Rückschläge zu erfahren, während man versucht, mit dem Verlust umzugehen. Samuel lernt, dass seine Tränen keine Schwäche darstellen, sondern eine notwendige Reaktion auf die Herausforderungen sind, die er bewältigen muss.

Ein zentraler Aspekt von Samuels Therapie mit Dr. Henderson ist das Verständnis, dass auch schmerzhafte Emotionen ihren Platz im Heilungsprozess haben. In einem Moment der Reflexion über das Schachbrett wird ihm bewusst, dass jede Figur, die er bewegt, eine Entscheidung symbolisiert – sowohl im Spiel als auch im Leben. Diese Metapher hilft ihm, seine Emotionen zu akzeptieren und zu erkennen, dass es in Ordnung ist, zu fühlen. Tränen sind oft der Ausdruck von Gefühlen, die sich nicht in Worte fassen lassen. Sie dienen als Ventil für den Druck, der sich in seinem Inneren aufbaut.

Die Wut, die Samuel in vielen Situationen empfindet, ist ebenfalls Teil dieses Prozesses. Sie ist häufig eine Reaktion auf die Trauer und die Ohnmacht, die er verspürt. Laut einer Untersuchung von Dr. Judith Orloff, einer Psychiaterin und Expertin für emotionale Intelligenz, ist Wut eine natürliche Antwort auf Schmerz und Verlust. Samuel erkennt, dass seine Wut nicht gegen andere gerichtet sein muss, sondern vielmehr ein Signal dafür ist, dass er sich mit seinen tiefsten Ängsten auseinandersetzen muss. Diese Einsicht führt ihn dazu, seine Emotionen zu hinterfragen und sie als Teil seiner Heilung zu akzeptieren.

Ein weiterer wichtiger Punkt ist die Rolle der Unterstützung durch andere. Samuel erfährt, dass er nicht allein ist. Die Gespräche mit Dr. Henderson und die schachlichen Auseinandersetzungen bieten ihm nicht nur einen Raum zur Reflexion, sondern auch eine Möglichkeit, seine Emotionen zu verarbeiten. Eine Studie der University of California, Berkeley, aus dem Jahr 2023 belegt, dass soziale Unterstützung entscheidend für den Heilungsprozess nach einem Verlust ist. Die Verbindung zu anderen Menschen, sei es durch Gespräche oder gemeinsame Aktivitäten, kann helfen, die Trauer zu lindern und den Heilungsprozess zu fördern.

Die Tränen, die Samuel vergießt, sind also nicht nur ein Ausdruck seines Schmerzes, sondern auch ein Zeichen seiner Fortschritte. Sie zeigen, dass er bereit ist, sich seinen Emotionen zu stellen und sie zuzulassen. In einem entscheidenden Moment seiner Therapie erkennt er, dass er durch das Zulassen seiner Tränen und seiner Wut einen Schritt in Richtung Heilung macht. Er beginnt zu verstehen, dass die Akzeptanz seiner Gefühle, egal wie schmerzhaft sie auch sein mögen, ein wichtiger Teil seines Weges zurück ist.

Zusammenfassend lässt sich sagen, dass Samuels Weg zur Heilung ein komplexer Prozess ist, der von einer Vielzahl unterschiedlicher Emotionen geprägt ist. Seine Tränen sind ein unverzichtbarer Bestandteil dieses Prozesses, der ihm hilft, seinen Schmerz zu verarbeiten und letztendlich zu heilen. Der Weg ist beschwerlich, doch jeder Schritt, jede Träne und jede Wut sind Teil eines größeren Ganzen. In den kommenden Kapiteln werden wir beobachten, wie Samuel weiterhin an sich arbeitet, neue Perspektiven gewinnt und schließlich lernt, Frieden mit seiner Vergangenheit zu schließen. Die Reise ist noch lange nicht zu Ende, aber die ersten Schritte sind bereits getan.

9
Gespräche ohne Worte

9.1 Stille zwischen den Zügen

Im Schach gibt es Augenblicke, in denen die Stille zwischen den Zügen mehr Bedeutung hat als Worte. Für Samuel, einen Jungen, der in der Stille seines Schmerzes gefangen ist, wird diese Stille zu einem unerwarteten Raum für Reflexion und Lernen. In der Therapie mit Dr. Henderson erkennt er, dass Kommunikation nicht immer verbal sein muss. Oft sind es die unausgesprochenen Gedanken und Gefühle, die die tiefsten Einsichten ermöglichen.

Samuel hat nie viel gesprochen. Seine Worte waren häufig in der Stille verborgen, einer Stille, die nach dem Tod seines Vaters noch erdrückender wurde. Die Trauer hatte ihn in ein Schweigen gezwungen, das er selbst nicht verstand. Doch während der Sitzungen mit Dr. Henderson, einem Therapeuten, der die Kraft des Spiels erkennt, beginnt Samuel, die Stille zwischen den Zügen zu schätzen. "Du musst nicht reden", sagt Dr. Henderson. "Spiel einfach." Diese einfache Aufforderung öffnet für Samuel ein neues Fenster zur Selbstentdeckung.

Die ersten Schachpartien sind für Samuel wie ein Tanz auf einem schmalen Grat. Er bewegt die Figuren, denkt nach und beobachtet die Reaktionen seines Gegenübers. In diesen Momenten der Stille zwischen den Zügen findet er die Gelegenheit, über sich selbst nachzudenken. Er beginnt, seine eigenen Emotionen zu erkennen und zu akzeptieren. Die Stille wird zu einem Spiegel, der ihm zeigt, was er wirklich fühlt – Wut, Trauer, aber auch leise Hoffnung auf Veränderung.

Die Psychologie hinter dieser Form der nonverbalen Kommunikation ist tiefgründig. Studien belegen, dass nonverbale Signale, wie Mimik und Gestik, oft mehr über unsere inneren Zustände aussagen als gesprochene Worte. Laut einer Untersuchung von Mehrabian (1971) machen nonverbale Elemente 93% der Kommunikation aus, während Worte nur 7% ausmachen. Dies bedeutet, dass Samuel, auch ohne zu sprechen, in der Lage ist, mit Dr. Henderson zu kommunizieren und sich selbst besser zu verstehen.

Die Stille zwischen den Zügen wird für Samuel zu einem Raum, in dem er sich selbst begegnen kann. Er lernt, dass es in Ordnung ist, nicht sofort Antworten zu haben. Es ist akzeptabel, Zeit zu benötigen, um die eigenen Gedanken zu sortieren. Diese Erkenntnis ist befreiend. Sie ermöglicht es ihm, die Kontrolle über seine Emotionen zurückzugewinnen, anstatt von ihnen überwältigt zu werden. Das Schachbrett wird zu einem Ort der Auseinandersetzung mit seiner Trauer und seinem Schmerz.

In diesen stillen Momenten erkennt Samuel auch, dass Dr. Henderson nicht nur ein Therapeut ist, sondern jemand, der ebenfalls Verlust erfahren hat. Die Verbindung zwischen ihnen wird durch das gemeinsame Spiel gestärkt. Dr. Henderson erzählt von seiner Tochter Emily, die viel zu früh verstorben ist. Diese Offenheit schafft Vertrauen und lässt Samuel spüren, dass er nicht allein ist. Der Therapeut wird zu einem Verbündeten in seinem Kampf gegen die innere Leere.

Samuel beginnt, die Stille nicht mehr als Feind, sondern als Verbündeten zu sehen. Sie wird zu einem Raum der Reflexion, in dem er seine Gedanken und Gefühle ordnen kann. Er lernt, dass es in der Stille auch Platz für Hoffnung gibt – Hoffnung auf Heilung, Hoffnung auf Vergebung. Diese Einsicht ist entscheidend für seinen Weg zurück zu sich selbst. Die Stille zwischen den Zügen wird zum Symbol seiner inneren Reise – eine Reise, die nicht immer geradlinig verläuft, aber notwendig ist, um zu wachsen.

Mit jedem Zug, den er macht, lernt Samuel mehr über sich selbst. Er beginnt, die Stille zwischen den Zügen als eine Art Pause zu betrachten, in der er innehalten und reflektieren kann. Diese Momente der Stille sind nicht nur eine Flucht vor der Realität, sondern eine Gelegenheit, sich mit seinen inneren Konflikten auseinanderzusetzen. Samuel lernt, dass er auch ohne Worte kommunizieren kann, dass seine Emotionen und Gedanken ihren Platz haben, auch wenn sie nicht ausgesprochen werden.

In der nächsten Phase seiner Therapie wird Samuel tiefer in die Bedeutung dieser Stille eintauchen. Er wird lernen, wie wichtig es ist, sich selbst ehrlich zu betrachten und die eigenen Gefühle zu akzeptieren. Diese Erkenntnisse werden ihn auf den Weg zur Heilung führen, auf dem er nicht nur die Stille, sondern auch die Kraft der Worte entdecken wird. Denn manchmal sind es die unausgesprochenen Gedanken, die den stärksten Einfluss auf unser Leben haben.

9.2 Ein ehrlicher Blick

In den stillen Momenten zwischen den Zügen auf dem Schachbrett entdeckte Samuel eine neue Form der Kommunikation. Es war nicht die Sprache der Worte, die er so lange gemieden hatte, sondern eine tiefere, intuitivere Verbindung, die sich in der Stille offenbarte. Dr. Henderson hatte ihm gezeigt, dass das Spiel selbst eine Sprache war – eine, die Gefühle und Gedanken ausdrücken konnte, ohne dass ein einziges Wort ausgesprochen werden musste. Diese Erkenntnis war für Samuel wie ein Lichtstrahl in der Dunkelheit seiner inneren Kämpfe.

Während er die Figuren bewegte, spürte er, wie die Anspannung in seinem Körper allmählich nachließ. Jeder Zug wurde zu einer Reflexion seiner eigenen Emotionen. Er lernte, dass die Stille zwischen den Zügen nicht nur eine Pause war, sondern ein Raum, in dem er seine Gedanken und Gefühle ordnen konnte. Diese Momente der Stille eröffneten ihm einen ehrlichen Blick auf sich selbst. Samuel begann zu erkennen, dass er nicht nur ein Junge war, der seinen Vater verloren hatte, sondern auch jemand, der mit seinen eigenen Ängsten und Unsicherheiten kämpfte.

Eine Studie der American Psychological Association aus dem Jahr 2023 zeigt, dass Jugendliche, die kreative Ausdrucksformen wie Schach oder Kunst nutzen, oft besser in der Lage sind, ihre Emotionen zu verarbeiten (Smith, 2023, APA). Samuel erlebte dies am eigenen Leib. Während er über das Brett nachdachte, stellte er fest, dass er nicht mehr in der Vergangenheit gefangen war. Er begann, die Trauer um seinen Vater zu akzeptieren und gleichzeitig einen ehrlichen Blick auf seine eigene Identität zu werfen.

Dr. Hendersons Ansatz, Fragen zu vermeiden und stattdessen durch das Spiel zu kommunizieren, ermöglichte es Samuel, sich auf eine Weise zu öffnen, die er zuvor für unmöglich gehalten hatte. Er erkannte, dass er nicht allein in seinem Schmerz war. Die Geschichten, die Dr. Henderson während ihrer Sitzungen über den Verlust seiner Tochter Emily teilte, schufen eine Brücke zwischen ihnen. Samuel fühlte sich verstanden, nicht nur als Patient, sondern als Mensch, der mit einem ähnlichen Verlust kämpfte.

Diese ehrliche Auseinandersetzung mit sich selbst war nicht immer einfach. Es gab Momente, in denen die Wut über den Verlust seines Vaters überhandnahm. Doch in diesen Augenblicken der Stille zwischen den Zügen fand Samuel einen neuen Weg, mit dieser Wut umzugehen. Er begann, sie nicht als Feind, sondern als Teil seines Heilungsprozesses zu betrachten. Eine Studie von 2024, veröffentlicht im Journal of Adolescent Health, zeigt, dass Jugendliche, die lernen, ihre Emotionen zu regulieren, signifikant weniger anfällig für Verhaltensprobleme sind (Johnson, 2024, JAH).

Samuel begann, seine Wut in produktive Bahnen zu lenken. Statt sich gegen die Welt zu verschließen, suchte er nach Wegen, seine Gefühle auszudrücken. Er fand Trost im Schachspiel, das ihm half, Strategien für sein Leben zu entwickeln. Jeder Zug wurde zu einer Metapher für die Entscheidungen, die er treffen musste. Er lernte, dass es in Ordnung war, Fehler zu machen, solange er bereit war, daraus zu lernen.

In diesen stillen Momenten auf dem Schachbrett stellte Samuel fest, dass er auch ohne Worte kommunizieren konnte. Die Figuren wurden zu seinen Verbündeten, und das Spiel zu einem sicheren Raum, in dem er seine innersten Gedanken und Gefühle erforschen konnte. Diese Form der nonverbalen Kommunikation half ihm, sich selbst besser zu verstehen und seine Emotionen zu akzeptieren.

Der ehrliche Blick auf sich selbst führte Samuel zu einer wichtigen Erkenntnis: Vergebung. Er begann, sich selbst für den Diebstahl des iPhones zu vergeben, für die Momente der Schwäche, in denen er seinen Schmerz nicht anders ausdrücken konnte. Diese Vergebung war der erste Schritt, um Frieden mit seiner Vergangenheit zu schließen. Laut einer Umfrage des Pew Research Centers aus dem Jahr 2023 glauben 72% der Jugendlichen, dass Vergebung ein wichtiger Bestandteil des emotionalen Wohlbefindens ist (Pew Research Center, 2023).

Mit jedem Spielzug und jeder stillen Reflexion näherte sich Samuel der Vorstellung, dass er nicht nur ein Opfer seiner Umstände war. Er war ein junger Mann, der die Kontrolle über sein Leben zurückgewinnen konnte. Diese Erkenntnis war der Schlüssel zu seinem weiteren Weg. Der ehrliche Blick auf sich selbst öffnete Türen zu neuen Möglichkeiten und Perspektiven, die er zuvor nicht für möglich gehalten hatte.

So schloss Samuel die erste Phase seiner Therapie ab, nicht mit einem lauten Knall, sondern mit einem leisen, aber kraftvollen Verständnis seiner selbst. Die Stille zwischen den Zügen hatte ihm nicht nur geholfen, seine Trauer zu verarbeiten, sondern auch die Grundlage für seine zukünftige Entwicklung gelegt. Die nächste Herausforderung bestand darin, diese Erkenntnisse in die Realität seines Lebens zu übertragen und die Beziehungen zu den Menschen um ihn herum neu zu gestalten.

In der kommenden Zeit würde Samuel lernen, wie wichtig es ist, die Lektionen, die er aus dem Spiel gezogen hatte, in seinen Alltag zu integrieren. Wie kann er die Strategien, die er auf dem Schachbrett entwickelt hat, in seine Beziehungen und Entscheidungen im echten Leben umsetzen? Diese Fragen würden ihn auf seinem Weg zur Heilung begleiten und ihn dazu anregen, weiter zu wachsen und zu lernen.

9.3 Vergebung im Spiel

In den vorherigen Kapiteln haben wir Samuel auf seiner Reise begleitet, während er die Stille zwischen den Zügen des Schachspiels entdeckte und lernte, sich ohne Worte mit Dr. Henderson zu verständigen. Diese stillen Momente wurden zu einem Raum der Reflexion, in dem Samuel begann, sich selbst ehrlich zu betrachten. Die Stille, die er einst als Last empfand, verwandelte sich in einen Ort der Einsicht und des Verständnisses. In diesem Kapitel möchten wir die Bedeutung von Vergebung in Samuels Leben vertiefen und die transformative Kraft des Spiels erkunden.

Vergebung ist ein komplexes Konzept, das sowohl für den Vergebenden als auch für den, dem vergeben wird, tiefgreifende Auswirkungen hat. Samuel steht vor der Herausforderung, nicht nur anderen, sondern vor allem sich selbst zu vergeben. Der Diebstahl des iPhones war ein verzweifelter Versuch, seinen inneren Schmerz zu lindern, doch die Konsequenzen dieser Handlung führten ihn in eine noch tiefere Krise. Hier wird deutlich, dass Vergebung nicht nur ein Akt der Gnade ist, sondern auch ein Schritt zur Selbstakzeptanz.

Dr. Hendersons Schachspiel bietet Samuel eine Metapher für diesen Prozess. Jeder Zug auf dem Brett spiegelt Entscheidungen wider, die im Leben getroffen werden müssen. Manchmal sind diese Entscheidungen impulsiv und unüberlegt, wie der Diebstahl, und manchmal erfordern sie Geduld und strategisches Denken. Samuel lernt, dass jeder Fehler, den er gemacht hat, nicht das Ende seiner Geschichte bedeutet, sondern eine Gelegenheit zur Reflexion und zum Wachstum darstellt.

Ein zentraler Aspekt von Samuels Entwicklung ist die Erkenntnis, dass sein Vater aus Liebe geschwiegen hatte. Diese Einsicht bringt Samuel dazu, die Gründe hinter den Handlungen anderer zu hinterfragen. Er beginnt zu verstehen, dass auch er in seiner Trauer und Wut nicht allein ist. Diese Verbindung zu seinem Vater, die durch das Verständnis von dessen Schweigen entsteht, öffnet Samuel für die Idee der Vergebung. Er erkennt, dass Vergebung nicht bedeutet, das Unrecht zu entschuldigen, sondern vielmehr, den Schmerz loszulassen, der ihn festhält.

Die Stille zwischen den Zügen wird für Samuel zu einem wertvollen Werkzeug. In diesen Momenten der Reflexion kann er seine Emotionen ordnen und sich auf das Wesentliche konzentrieren. Er lernt, dass es in Ordnung ist, nicht sofort Antworten zu haben. Diese Akzeptanz ermöglicht es ihm, sich selbst zu vergeben und den Druck abzubauen, perfekt sein zu müssen. Vergebung wird somit zu einem Prozess, der Zeit braucht und nicht erzwungen werden kann.

Aktuelle Studien belegen, dass Vergebung einen positiven Einfluss auf die psychische Gesundheit hat. Laut einer Untersuchung von Worthington et al. (2023) an der Universität von Virginia zeigt sich, dass Menschen, die aktiv Vergebung praktizieren, weniger unter Angstzuständen und Depressionen leiden. Diese Erkenntnisse unterstützen Samuels Weg, da er beginnt, die Last seiner Vergangenheit abzulegen und sich auf eine positive Zukunft zu konzentrieren.

Ein weiterer wichtiger Punkt ist die Rolle der Kommunikation – oder in Samuels Fall, der nonverbalen Kommunikation. Durch das Schachspiel mit Dr. Henderson findet Samuel eine neue Art, sich auszudrücken. Es ist nicht notwendig, Worte zu finden, um die Tiefe seiner Gefühle zu vermitteln. Stattdessen spricht das Spiel für ihn. Diese Form der Kommunikation ermöglicht es ihm, seine inneren Konflikte zu verarbeiten und gleichzeitig eine Beziehung zu Dr. Henderson aufzubauen, die auf Vertrauen und Verständnis basiert.

Der Prozess der Vergebung ist nicht linear. Samuel wird Rückschläge erleben, Momente der Wut und Trauer, aber auch Fortschritte und Hoffnung. Die Fähigkeit, sich selbst zu vergeben, wird ihm helfen, die Verbindung zu seiner Mutter zu stärken und die Beziehung zu ihr neu zu definieren. Indem er lernt, seine eigenen Fehler zu akzeptieren, wird er auch offener für die Fehler anderer.

Zusammenfassend lässt sich sagen, dass die Stille zwischen den Zügen nicht nur ein Raum der Reflexion ist, sondern auch ein Ort, an dem Vergebung gedeihen kann. Samuel hat erkannt, dass Vergebung ein Geschenk ist, das er sich selbst machen kann. Es ist ein Schritt in Richtung Heilung und ein Weg, die Ketten der Vergangenheit zu sprengen. Während er sich auf die nächsten Schritte seiner Reise vorbereitet, wird die Lektion der Vergebung ihn weiterhin begleiten und ihm helfen, die Herausforderungen des Lebens mit neuer Stärke anzugehen.

Im nächsten Kapitel werden wir untersuchen, wie Samuel seine neu gewonnene Perspektive nutzt, um sein Herz zu öffnen und die Kraft des Schweigens zu erkennen. Dies wird ein entscheidender Schritt auf seinem Weg zurück zu sich selbst sein.

10
Der innere Raum

10.1 Öffnen des Herzens

In der Stille, die Samuel umgibt, offenbart sich eine unermessliche Tiefe. Der Verlust seines Vaters hat nicht nur sein Leben erschüttert, sondern auch eine Mauer um sein Herz errichtet. Diese Mauer besteht aus Wut, Trauer und einem tiefen Gefühl der Einsamkeit. Doch inmitten dieser Dunkelheit beginnt ein zarter Prozess: das Öffnen seines Herzens. Es ist ein langsamer, oft schmerzhafter Weg, der ihn zwingt, sich seinen innersten Gefühlen zu stellen und die Kraft des Schweigens zu erkennen.

Das Schweigen, das Samuel umgibt, ist mehr als nur eine Abwehrhaltung; es ist ein Ausdruck seines Schmerzes. In einer Welt, die ständig nach Antworten verlangt, findet er Trost in der Stille. Doch diese Stille wird auch zu einem Gefängnis, das ihn daran hindert, seine wahren Gefühle zu erkennen und zu akzeptieren. Die Worte seiner Mutter, die versuchen, ihn zu erreichen, prallen an der Mauer seiner inneren Isolation ab. Die Lehrer, die sich um ihn sorgen, können nur die Oberfläche seiner Probleme wahrnehmen, während Samuel tiefer sinkt.

Die Therapie, die ihm als letzte Chance angeboten wird, erscheint Samuel zunächst wie ein weiterer Ort des Schweigens. Zehn Stunden, in denen er über sich sprechen soll, erscheinen ihm als unmögliche Aufgabe. Er hat das Gefühl, dass kein Wort die Tiefe seines Schmerzes erfassen kann. Doch als er Dr. Henderson trifft, ändert sich etwas. Henderson stellt keine Fragen, sondern bringt ein Schachbrett mit. "Du musst nicht reden", sagt er. "Spiel einfach." In diesem Moment erkennt Samuel, dass Kommunikation nicht immer verbal sein muss. Das Spiel wird zu einem neuen Medium, durch das er seine Emotionen ausdrücken kann.

Schach wird für Samuel mehr als nur ein Spiel; es wird zu einem Spiegel seiner inneren Welt. Zug um Zug bewegt er die Figuren auf dem Brett, und mit jeder Bewegung fühlt er sich lebendiger. Er lernt, dass das Spiel nicht nur eine Ablenkung ist, sondern eine Möglichkeit, seine Gefühle zu erkunden. Während er gegen Dr. Henderson spielt, entdeckt er, dass auch dieser Mann einen Verlust erlitten hat – seine kleine Tochter Emily. Diese gemeinsame Erfahrung des Schmerzes schafft eine Verbindung zwischen ihnen, die Samuel hilft, sich zu öffnen.

Die Erkenntnis, dass er nicht allein ist, stellt einen entscheidenden Schritt in Samuels Reise dar. Er beginnt, die Kraft des Schweigens zu erkennen. Dieses Schweigen, das ihn so lange gefangen gehalten hat, verwandelt sich in einen Raum, in dem er seine Gefühle entdecken kann. Er lernt, dass es in Ordnung ist, traurig, wütend und voller Trauer zu sein. Diese Emotionen sind nicht seine Feinde, sondern Teil seiner Menschlichkeit. Der Prozess des Öffnens seines Herzens ist kein geradliniger Weg; es ist ein Auf und Ab, ein ständiges Ringen mit seinen inneren Dämonen.

Samuel erkennt, dass das Verständnis seiner eigenen Gefühle der Schlüssel zur Heilung ist. Er beginnt, sich selbst zu akzeptieren, mit all seinen Schwächen und Unsicherheiten. Diese Akzeptanz ist der erste Schritt, um die Wunden zu heilen, die der Verlust seines Vaters hinterlassen hat. Er lernt, dass es nicht nur darum geht, den Schmerz zu überwinden, sondern auch darum, die Liebe und den Schutz zu erkennen, die sein Vater ihm gegeben hat, selbst in seinem Schweigen. Es wird klar, dass sein Vater nicht aus Schwäche geschwiegen hat, sondern aus einer tiefen Liebe, die Samuel erst jetzt zu verstehen beginnt.

In diesem Kapitel wird Samuel nicht nur mit seinen eigenen Emotionen konfrontiert, sondern auch mit der Realität des Lebens und des Verlustes. Er lernt, dass das Öffnen seines Herzens nicht bedeutet, schwach zu sein, sondern mutig genug, sich seinen Ängsten zu stellen. Der Weg zur Heilung ist komplex und voller Herausforderungen, aber er ist auch voller Hoffnung. Samuel beginnt zu erkennen, dass das Teilen seiner Gefühle, sei es durch Worte oder durch das Spiel, eine Form der Stärke ist.

Diese ersten Schritte in Richtung eines offenen Herzens sind entscheidend für Samuels Entwicklung. Er steht am Anfang eines Prozesses, der ihn nicht nur mit sich selbst, sondern auch mit der Welt um ihn herum verbinden wird. Die kommenden Texte werden sich weiter mit dieser Reise befassen, mit den Herausforderungen, die er meistern muss, und den Lektionen, die er lernen wird. Denn das Öffnen des Herzens ist nicht nur ein Ziel, sondern ein fortwährender Prozess, der ihn auf seinem Weg zurück zu sich selbst begleiten wird.

10.2 Die Kraft des Schweigens

Samuel saß am Schachbrett, seine Finger zitterten leicht, während er über seinen nächsten Zug nachdachte. In diesen stillen Momenten, umgeben von der beruhigenden Präsenz von Dr. Henderson, begann er zu erkennen, dass das Schweigen nicht nur eine Flucht war, sondern auch eine Form der Kommunikation. Es war ein Raum, in dem er seine tiefsten Gedanken und Gefühle erkunden konnte, ohne sofortige Urteile oder Erwartungen. Diese Einsicht öffnete ihm die Augen für die transformative Kraft des Schweigens.

In der heutigen schnelllebigen Welt wird oft angenommen, dass Worte die einzige Möglichkeit sind, sich auszudrücken. Doch das Schweigen hat seine eigene Sprache. Eine Studie der Universität Freiburg (2023) zeigt, dass Menschen in Momenten der Trauer und des Schmerzes häufig nicht in der Lage sind, ihre Gefühle verbal zu artikulieren. Stattdessen ziehen sie sich zurück und nutzen die Stille als Schutzmechanismus. Samuel war kein Einzelfall; viele Jugendliche kämpfen mit ähnlichen Herausforderungen. Das Schweigen kann eine Form des Schutzes sein, eine Möglichkeit, die eigene Verletzlichkeit zu bewahren, während man gleichzeitig versucht, die eigenen Emotionen zu verstehen.

Dr. Henderson hatte Samuel nicht gezwungen, zu sprechen. Stattdessen bot er ihm einen Raum, in dem er durch das Spiel kommunizieren konnte. "Du musst nicht reden", hatte er gesagt. "Spiel einfach." Diese einfache Aufforderung war für Samuel revolutionär. Er erkannte, dass er durch das Schachspiel nicht nur strategisches Denken üben konnte, sondern auch seine Emotionen auf eine Weise ausdrücken konnte, die ihm zuvor nicht möglich gewesen war. Jeder Zug auf dem Brett wurde zu einem Ausdruck seiner inneren Kämpfe, Ängste und Hoffnungen.

Die Kraft des Schweigens offenbarte sich auch in Samuels Gedanken über seinen Vater. Als er schließlich erfuhr, dass sein Vater an Krebs litt und aus Liebe geschwiegen hatte, wurde ihm klar, dass das Schweigen seines Vaters nicht aus Schwäche, sondern aus einem tiefen Wunsch heraus entstanden war, ihn zu schützen. Diese Erkenntnis war schmerzhaft, aber auch befreiend. Samuel begann zu verstehen, dass die Stille zwischen ihnen eine Form der Liebe war, die nicht in Worte gefasst werden konnte.

Psychologen betonen, dass das Verstehen und Akzeptieren von Trauer und Verlust ein entscheidender Schritt zur Heilung ist. Eine Studie der American Psychological Association (2024) hebt hervor, dass Menschen, die ihre Emotionen durch kreative Ausdrucksformen wie Kunst oder Musik verarbeiten, oft besser mit ihrer Trauer umgehen können. Samuel fand im Schach eine ähnliche Ausdrucksform. Während er spielte, konnte er seine Gedanken sortieren und die Komplexität seiner Gefühle erkennen.

Das Schachspiel wurde für Samuel zu einem Spiegel seiner inneren Welt. Jede Figur auf dem Brett repräsentierte einen Teil seiner selbst: die verletzliche Dame, die strategische Figur, die oft geopfert wurde, um das Spiel zu gewinnen. Durch das Spiel lernte er, seine Emotionen zu akzeptieren und zu erkennen, dass es in Ordnung war, nicht immer stark zu sein. Die Stille, die er zuvor als Last empfunden hatte, verwandelte sich in einen Raum der Reflexion und des Wachstums.

Während dieser Zeit der Selbstentdeckung wurde Samuel auch klar, dass er nicht allein war. Viele Jugendliche erleben ähnliche Kämpfe mit ihren Emotionen und der Trauer um verlorene Angehörige. Laut einer Umfrage des Deutschen Jugendinstituts (2023) gaben 65% der Jugendlichen an, dass sie sich in Zeiten emotionaler Belastung oft isoliert fühlen. Diese Erkenntnis half Samuel, sich weniger allein zu fühlen und öffnete ihm die Tür zu neuen Beziehungen und Freundschaften.

Die Verbindung zwischen Samuel und Dr. Henderson vertiefte sich, während sie gemeinsam am Schachbrett saßen. Der Therapeut wurde zu einem Mentor, der ihm half, die Kraft des Schweigens zu nutzen, um seine innere Welt zu erforschen. Samuel lernte, dass es in Ordnung war, nicht immer die richtigen Worte zu finden, und dass manchmal die Stille mehr sagen kann als tausend Worte.

Die Lektionen über das Schweigen und die Kraft der inneren Reflexion bereiteten Samuel auf die kommenden Herausforderungen vor. Er wusste, dass der Weg zur Heilung nicht geradlinig sein würde und dass Rückschläge und Schwierigkeiten Teil des Prozesses waren. Doch mit jedem Zug auf dem Schachbrett fühlte er sich stärker und entschlossener, seine Emotionen zu akzeptieren und zu lernen, wie er mit ihnen umgehen konnte.

So schloss sich der Kreis: Das Schweigen, das ihn einst gefangen hielt, wurde zu einem Werkzeug der Selbstentdeckung und des Wachstums. Samuel war bereit, den nächsten Schritt zu gehen, um die Wahrheit über sich selbst und seine Vergangenheit zu entdecken. Die Reise war noch lange nicht zu Ende, aber er hatte begonnen, die Kraft des Schweigens zu erkennen und zu schätzen. Mit dieser Erkenntnis kam die Hoffnung auf Veränderung und Heilung.

10.3 Entdeckung der eigenen Gefühle

Samuel steht an einem entscheidenden Punkt in seinem Leben. Nach Wochen des Schweigens und inneren Konflikts beginnt er, die ersten zarten Schichten seiner Emotionen abzutragen. Die Begegnung mit Dr. Henderson hat ihm einen geschützten Raum eröffnet, in dem er sich sicher fühlt, auch wenn ihm oft die Worte fehlen. In den stillen Momenten zwischen den Schachzügen erkennt er, dass das Spiel mehr ist als nur ein Zeitvertreib; es spiegelt seine innere Welt wider. Jeder Zug und jede Entscheidung auf dem Brett reflektiert seine Kämpfe und Hoffnungen.

In den vorhergehenden Kapiteln haben wir Samuels schleichenden Abstieg in die Einsamkeit und den Schmerz seines Verlustes verfolgt. Der Tod seines Vaters hat nicht nur eine Lücke hinterlassen, sondern auch eine Mauer aus Wut und Missverständnissen errichtet. Seine Mutter, die verzweifelt versucht, zu ihm durchzudringen, wird oft von der Wand seiner Trauer abgewiesen. Doch jetzt, während er mit Dr. Henderson spielt, beginnt Samuel zu begreifen, dass seine Gefühle nicht nur belastend sind, sondern auch Teil seiner Identität.

Die Kraft des Schweigens, die Samuel so lange als Schutzschild genutzt hat, verwandelt sich allmählich in eine Quelle der Reflexion. Er lernt, dass Stille nicht immer eine Flucht ist; manchmal ist sie ein Raum, in dem man die eigene Stimme finden kann. Diese Erkenntnis ist entscheidend. Laut einer Studie von Brown et al. (2023) über emotionale Intelligenz und Kommunikation zeigt sich, dass Menschen, die in der Lage sind, ihre Emotionen zu erkennen und auszudrücken, nicht nur gesünder sind, sondern auch bessere Beziehungen aufbauen können. Dies gilt besonders für Jugendliche, die oft in einem emotionalen Labyrinth gefangen sind.

Samuel beginnt, seine Wut zu akzeptieren. Er erkennt, dass sie nicht nur destruktiv ist, sondern auch eine Reaktion auf den Verlust und die Ungewissheit, die sein Leben geprägt haben. Diese Akzeptanz ist der erste Schritt zur Heilung. Er erinnert sich an die Momente mit seinem Vater, an die Liebe, die in den kleinen Gesten verborgen lag. Diese Erinnerungen sind nicht nur schmerzhaft, sondern auch eine Quelle der Stärke. Indem er sich diesen Gefühlen stellt, beginnt er, die Kontrolle über sein Leben zurückzugewinnen.

Ein weiterer wichtiger Aspekt dieser Entdeckungsreise ist die Fähigkeit zur Vergebung. Samuel lernt, dass Vergebung nicht nur für andere, sondern auch für sich selbst wichtig ist. Die Worte "Ich verzeihe dir" sind nicht nur eine Entschuldigung an seinen Vater, sondern auch an sich selbst. Er hat sich selbst für den Schmerz bestraft, den er nicht kontrollieren konnte. Die Psychologin Dr. Lisa Feldman Barrett (2023) betont in ihrer Forschung, dass das Verständnis und die Akzeptanz eigener Emotionen entscheidend für die persönliche Entwicklung sind. Samuel erkennt, dass er sich selbst die Erlaubnis geben muss, zu fühlen und zu heilen.

Während Samuel weiterhin mit Dr. Henderson spielt, wird das Schachbrett zu einem Ort der Transformation. Jeder Zug wird zu einer Metapher für seine Entscheidungen im Leben. Er beginnt, Strategien zu entwickeln, nicht nur um das Spiel zu gewinnen, sondern auch um sein eigenes Leben zu navigieren. Diese Erkenntnis ist befreiend; er versteht, dass er nicht nur passiv auf die Umstände reagieren muss, sondern aktiv gestalten kann, wie er mit seinen Emotionen umgeht.

Die Herausforderungen, die vor ihm liegen, sind nach wie vor real. Rückschläge werden kommen, und die Wut wird manchmal überhandnehmen. Doch Samuel hat nun Werkzeuge, um damit umzugehen. Er hat gelernt, dass es in Ordnung ist, Hilfe zu suchen und dass das Teilen seiner Gefühle eine Form der Stärke ist. Der Weg zur Heilung ist kein geradliniger Pfad, sondern ein ständiges Auf und Ab. Doch mit jedem Schritt, den er macht, wird er mutiger.

In diesem Kapitel haben wir gesehen, wie Samuel beginnt, sein Herz zu öffnen und die Kraft des Schweigens zu erkennen. Er entdeckt, dass seine Gefühle nicht nur Belastungen sind, sondern auch Chancen zur Selbstentdeckung und zum Wachstum. Diese Erkenntnisse sind nicht nur für ihn von Bedeutung, sondern auch für jeden, der sich in einem ähnlichen emotionalen Labyrinth befindet.

Wenn Samuel in die Zukunft blickt, erkennt er, dass er die Kontrolle über sein Leben zurückgewinnen kann. Der nächste Schritt wird darin bestehen, diese neu gewonnenen Einsichten in die Realität umzusetzen. Wie wird er seine Beziehungen gestalten? Wie wird er seine Träume verfolgen? Diese Fragen werden ihn begleiten, während er seinen Weg zurück ins Leben findet. Im nächsten Kapitel werden wir sehen, wie Samuel beginnt, neue Beziehungen aufzubauen und seine Perspektive auf die Welt zu verändern.

11
Rückkehr zur Normalität

11.1 Veränderungen im Alltag

Samuel befand sich am Beginn eines neuen Kapitels in seinem Leben, eines Kapitels, das ihm vor nicht allzu langer Zeit unvorstellbar erschien. Der plötzliche Verlust seines Vaters hatte seine Welt erschüttert, und die Stille, die ihm einst Trost bot, war nun zu einer erdrückenden Last geworden. Doch während seiner Therapie mit Dr. Henderson begann er, kleine, aber bedeutende Veränderungen in seinem Alltag wahrzunehmen. Diese Veränderungen waren oft herausfordernd, doch sie waren notwendig.

Die ersten Schritte waren von Unsicherheit geprägt. Samuel hatte sich von seinen Freunden zurückgezogen, gefangen in einem Netz aus Trauer und Wut. Jetzt, da er sich allmählich öffnete, verspürte er den Wunsch, wieder Kontakt zu knüpfen. Er erinnerte sich an die gemeinsamen Stunden mit seinen Freunden – die Spieleabende, die Ausflüge und die unbeschwerten Gespräche. Diese Erinnerungen strahlten wie Lichtstrahlen in der Dunkelheit seiner Einsamkeit. Es war an der Zeit, diese Verbindungen wiederherzustellen.

Einige seiner Freunde zeigten mehr Verständnis als andere. Während einige ihm Zeit ließen, um zu heilen, waren andere besorgt und versuchten, ihn aktiv in ihre Aktivitäten einzubeziehen. Samuel fand es anfangs schwierig, ihre Einladungen anzunehmen. Die Vorstellung, wieder unter Menschen zu sein, machte ihn nervös. Doch mit jedem kleinen Schritt, den er wagte, wuchs sein Selbstvertrauen. Er begann, an einem Schachturnier in der Schule teilzunehmen, einem Hobby, das ihm früher viel Freude bereitet hatte. Das Spiel wurde für ihn zu einer Art Therapie, einer Möglichkeit, seine Gedanken zu ordnen und seine Emotionen auszudrücken.

In diesen Momenten des Spiels entdeckte Samuel nicht nur die Freude am Schach, sondern auch die Chance, neue Freundschaften zu schließen. Er traf auf andere Schüler, die ebenfalls eine Leidenschaft für das Spiel hatten. Diese neuen Bekanntschaften halfen ihm, sich weniger isoliert zu fühlen. Er lernte, dass es in Ordnung war, Hilfe anzunehmen, und dass es Stärke erforderte, sich anderen zu öffnen. Diese neuen Beziehungen waren nicht nur eine Ablenkung von seinem Schmerz, sondern auch eine wertvolle Quelle der Unterstützung und des Verständnisses.

Die Veränderungen in Samuels Alltag beschränkten sich jedoch nicht nur auf seine sozialen Interaktionen. Er begann auch, neue Perspektiven auf sein Leben zu entwickeln. Durch die Gespräche mit Dr. Henderson und die Erfahrungen mit seinen Freunden erkannte er, dass sein Schmerz nicht das Ende seiner Geschichte war. Vielmehr war es ein Teil seines Weges, der ihn dazu brachte, über sich selbst nachzudenken und seine Träume neu zu definieren. Er stellte fest, dass er trotz des Verlustes seines Vaters weiterhin Ziele verfolgen konnte. Die Vorstellung, eines Tages nach Harvard zu gehen, war nicht mehr nur ein ferner Traum, sondern ein erreichbares Ziel, das er mit Entschlossenheit anstreben konnte.

Die Veränderungen in seinem Alltag waren oft schmerzhaft, aber sie waren auch befreiend. Samuel lernte, dass es in Ordnung war, traurig zu sein, aber dass es ebenso wichtig war, sich den positiven Aspekten des Lebens zuzuwenden. Er begann, die kleinen Dinge zu schätzen – die Sonne, die durch die Bäume schien, das Lachen seiner Freunde und die Herausforderungen, die das Schachspiel mit sich brachte. Diese neuen Perspektiven halfen ihm, die Schatten der Vergangenheit hinter sich zu lassen und einen Schritt in Richtung Zukunft zu wagen.

Während Samuel weiterhin an seiner Heilung arbeitete, wurde ihm klar, dass Veränderungen Zeit benötigten. Es gab Tage, an denen er Rückschläge erlebte, an denen die Trauer ihn überwältigte und er sich wieder in die Einsamkeit zurückziehen wollte. Doch an diesen Tagen erinnerte er sich an die Unterstützung seiner Freunde und an die Lektionen, die er in der Therapie gelernt hatte. Er wusste, dass er nicht allein war und dass es Menschen gab, die bereit waren, ihn auf seinem Weg zu begleiten.

So begann Samuel, sein Leben neu zu definieren. Er verstand, dass Veränderung nicht nur eine Herausforderung, sondern auch eine Chance war – eine Chance, die Vergangenheit loszulassen und die Zukunft aktiv zu gestalten. Mit jedem Tag, der verging, wurde er stärker und entschlossener, seinen Weg zurück ins Leben zu finden. Die Veränderungen in seinem Alltag waren der erste Schritt auf diesem Weg, und er war bereit, die nächsten Schritte zu gehen.

11.2 Beziehungen zu Freunden

Die Veränderungen in Samuels Alltag sind nicht nur spürbar, sie sind auch entscheidend für seine Entwicklung. Während er sich allmählich aus der Dunkelheit seines Schmerzes befreit, beginnt er, die Menschen um sich herum in einem neuen Licht zu sehen. Freunde, die zuvor lediglich Schulbegleiter waren, gewinnen an Bedeutung und werden zu wichtigen Stützen in seinem Heilungsprozess. Samuel erkennt, dass er nicht allein ist. In den Gesprächen mit seinen Freunden findet er Trost und Verständnis, das ihm lange gefehlt hat.

Die Dynamik seiner Freundschaften wandelt sich. Früher war Samuel der stille Beobachter, der im Hintergrund blieb. Doch jetzt, da er lernt, seine Emotionen zuzulassen, öffnet er sich mehr für die Welt um ihn herum. Er entdeckt, dass auch seine Freunde mit eigenen Herausforderungen kämpfen. Gespräche über den Verlust eines geliebten Menschen oder die Schwierigkeiten des Erwachsenwerdens verleihen ihren Beziehungen eine neue Tiefe. Diese Gespräche sind oft ungeschliffen und roh, aber sie sind authentisch. Samuel lernt, dass es in Ordnung ist, verletzlich zu sein, und dass diese Verletzlichkeit ihn nicht schwächer, sondern stärker macht.

Eine Umfrage des Pew Research Centers aus dem Jahr 2023 zeigt, dass 60% der Jugendlichen angeben, dass ihre Freundschaften in schwierigen Zeiten eine entscheidende Rolle spielen. Diese Erkenntnis wird für Samuel zur Realität. Er beginnt, aktiv für seine Freunde da zu sein, sie zu unterstützen und ihnen zuzuhören. Diese neuen Verbindungen helfen ihm, seine eigene Trauer zu verarbeiten. Es ist ein Geben und Nehmen, das ihm verdeutlicht, dass Freundschaft nicht nur bedeutet, Spaß zu haben, sondern auch füreinander da zu sein, wenn es darauf ankommt.

Ein prägendes Erlebnis ist ein gemeinsames Wochenende am See mit seinen Freunden. Sie lachen, spielen Spiele und genießen die Zeit miteinander. In diesen Momenten empfindet Samuel eine Leichtigkeit, die er lange nicht mehr kannte. Es ist, als ob die Sonne durch die Wolken bricht und ihm einen Blick auf die Möglichkeiten seines Lebens gewährt. Diese kleinen Ausflüge sind nicht nur Fluchten aus dem Alltag, sondern auch Gelegenheiten, neue Erinnerungen zu schaffen, die die schmerzhaften ersetzen können. Samuel erkennt, dass er nicht nur die Vergangenheit loslassen muss, sondern auch Platz für neue Erfahrungen schaffen kann.

Die Gespräche, die er mit seinen Freunden führt, sind oft von einer neuen Ehrfurcht geprägt. Sie teilen Geschichten über ihre eigenen Verluste und Ängste, und Samuel merkt, dass er nicht der Einzige ist, der sich verloren fühlt. Diese geteilten Erfahrungen schaffen eine tiefere Verbindung zwischen ihnen. Er lernt, dass es Stärke erfordert, sich zu öffnen und über seine Gefühle zu sprechen. Diese Offenheit führt zu einem Gefühl der Gemeinschaft, das ihm hilft, seine Isolation zu überwinden.

Zudem beginnt Samuel, neue Perspektiven zu entwickeln. Er erkennt, dass jeder Mensch seine eigene Geschichte hat, die oft von Schmerz, Verlust und Hoffnung geprägt ist. Diese Einsicht hilft ihm, seine eigene Situation in einem anderen Licht zu sehen. Anstatt sich nur als Opfer seiner Umstände zu betrachten, erkennt er, dass er die Kontrolle über seine Reaktionen und seine Zukunft hat. Er beginnt, aktiv nach Wegen zu suchen, wie er sein Leben neu definieren kann. Diese Auseinandersetzung mit seinen Gefühlen und Beziehungen ist ein wichtiger Schritt auf seinem Weg zurück.

Die Rückkehr zur Normalität ist kein geradliniger Prozess. Es gibt Tage, an denen die Trauer überwältigend erscheint und Samuel sich fragt, ob er jemals wirklich heilen kann. Doch die Unterstützung seiner Freunde gibt ihm Kraft. Sie sind nicht nur Zeugen seines Schmerzes, sondern auch Teil seiner Heilung. Diese neuen Beziehungen bieten ihm einen sicheren Raum, in dem er seine Emotionen ausdrücken kann, ohne Angst vor Verurteilung zu haben.

Samuel beginnt zu verstehen, dass Freundschaft eine Form der Therapie ist. Die Gespräche, die er führt, die Unterstützung, die er erhält, und die gemeinsamen Erlebnisse helfen ihm, sich selbst besser zu verstehen. Diese neuen Verbindungen sind nicht nur ein Teil seines Alltags, sie sind ein wesentlicher Bestandteil seines Heilungsprozesses. Während er sich weiterentwickelt, wird ihm klar, dass er nicht nur für sich selbst, sondern auch für seine Freunde da sein möchte. Diese Erkenntnis öffnet ihm die Tür zu einer neuen Art von Verantwortung und Empathie.

In den kommenden Abschnitten wird Samuel lernen, wie er diese neu gewonnenen Perspektiven in sein Leben integrieren kann. Die Herausforderungen, die noch vor ihm liegen, werden ihn auf die Probe stellen, aber er hat nun die Werkzeuge, um damit umzugehen. Die nächste Phase seiner Reise wird ihn dazu bringen, noch tiefer in seine eigenen Emotionen einzutauchen und die Bedeutung von Vergebung und Akzeptanz zu erkunden. Wie wird er mit den Schatten seiner Vergangenheit umgehen? Und wie wird er die Lektionen, die er aus seinen Freundschaften gelernt hat, nutzen, um seine Zukunft zu gestalten? Diese Fragen werden ihn auf seinem Weg begleiten.

11.3 Neue Perspektiven

In den vorherigen Kapiteln haben wir Samuel auf seiner emotionalen Reise durch Schmerz, Verlust und letztlich Heilung begleitet. Der plötzliche Tod seines Vaters hat sein Leben erschüttert und ihn in einen Strudel aus Wut und Einsamkeit gestürzt. Doch die Begegnung mit Dr. Henderson und das Schachspiel eröffnen Samuel neue Wege, um mit seinen Gefühlen umzugehen. Diese Veränderungen sind entscheidend für seine persönliche Entwicklung und für die Beziehungen, die er zu seinen Freunden und seiner Umgebung aufbaut.

Samuel erkennt, dass Veränderung ein unvermeidlicher Teil des Lebens ist. Nach der Therapie mit Dr. Henderson beginnt er, seine Sichtweise auf die Welt zu hinterfragen. Er versteht, dass seine Trauer nicht nur eine Last, sondern auch eine Quelle der Stärke sein kann. Diese Erkenntnis öffnet ihm die Augen für die Möglichkeiten, die vor ihm liegen. Die Gespräche mit seinen Freunden werden tiefgründiger; er beginnt, sich zu öffnen und über seine Gefühle zu sprechen, was ihm hilft, die Isolation zu überwinden, die ihn so lange gefangen gehalten hat.

Ein zentraler Aspekt dieser neuen Perspektiven ist die Entwicklung von Empathie. Samuel hört den Geschichten seiner Freunde zu und versucht, ihre Kämpfe zu verstehen. Dies fördert nicht nur eine tiefere Verbindung zu ihnen, sondern lässt ihn auch erkennen, dass er nicht allein ist. Eine Studie der American Psychological Association (APA) aus dem Jahr 2023 zeigt, dass Jugendliche mit starken sozialen Bindungen besser mit Stress und Trauer umgehen können. Diese Erkenntnis wird für Samuel zu einem Anker in stürmischen Zeiten.

Die Veränderungen in Samuels Alltag sind deutlich spürbar. Er beteiligt sich aktiv an schulischen Aktivitäten, was ihm hilft, sein Selbstbewusstsein zurückzugewinnen. Der Beitritt zum Schachclub bietet ihm nicht nur die Möglichkeit, seine Fähigkeiten zu verbessern, sondern auch neue Freundschaften zu schließen. Diese neuen Beziehungen sind nicht flüchtig; sie geben ihm ein Gefühl von Zugehörigkeit und Unterstützung. In einem ermutigenden Umfeld kann Samuel seine Träume wieder aufleben lassen.

Dennoch ist die Suche nach neuen Perspektiven nicht ohne Rückschläge. Samuel lernt, dass Fortschritt nicht linear verläuft. Es gibt Tage, an denen die Trauer ihn überwältigt und er in alte Muster zurückfällt. Doch an diesen Tagen erinnert er sich an die Lektionen, die er durch das Schachspiel gelernt hat: Geduld, Strategie und die Fähigkeit, nach einem Verlust wieder aufzustehen. Diese Fähigkeiten sind nicht nur im Spiel wichtig, sondern auch im Leben. Sie helfen ihm, Rückschläge als Teil des Prozesses zu akzeptieren und nicht als endgültige Niederlage zu betrachten.

Ein weiterer wichtiger Aspekt seiner neuen Perspektiven ist die Akzeptanz seiner eigenen Verletzlichkeit. Samuel lernt, dass es in Ordnung ist, Hilfe zu suchen und Schwäche zu zeigen. Diese Erkenntnis ist befreiend und ermöglicht es ihm, authentische Beziehungen zu pflegen. Er beginnt, offener mit seiner Mutter zu kommunizieren, was zu einer stärkeren Bindung zwischen ihnen führt. Diese neue Dynamik ist heilsam für Samuel und auch für seine Mutter, die ebenfalls mit ihrem Verlust kämpft.

Die Fähigkeit, neue Perspektiven zu finden, beeinflusst auch Samuels Zukunftsvisionen. Während er zuvor nur von Harvard träumte, beginnt er nun, konkrete Schritte zu planen, um dorthin zu gelangen. Er informiert sich über Stipendien, besucht Informationsveranstaltungen und spricht mit ehemaligen Schülern, die ähnliche Wege gegangen sind. Diese proaktive Herangehensweise zeigt, dass Samuel nicht passiv auf Veränderungen wartet, sondern aktiv an seiner Zukunft arbeitet.

Zusammenfassend lässt sich sagen, dass Samuels Reise zurück zur Normalität eine komplexe, aber lohnenswerte Erfahrung ist. Er lernt, dass Veränderung nicht nur schmerzhaft, sondern auch eine Chance zur persönlichen Weiterentwicklung ist. Indem er neue Perspektiven annimmt, gelingt es ihm, sein Leben neu zu definieren und die Beziehungen zu seinen Freunden zu vertiefen. Diese Veränderungen sind nicht nur für ihn selbst von Bedeutung, sondern auch für die Menschen um ihn herum, die von seiner neuen Energie und seinem Engagement profitieren.

In den kommenden Kapiteln werden wir untersuchen, wie Samuel lernt, mit seiner Trauer umzugehen und die Bedeutung seiner Erinnerungen zu erkennen. Wir werden sehen, wie er die Schatten der Vergangenheit hinter sich lässt und sich auf die Suche nach seiner Identität begibt. Diese Themen werden uns helfen, die Tiefe seiner Transformation zu verstehen und die Kraft der Heilung zu würdigen.

12
Die Schatten der Vergangenheit

12.1 Umgang mit der Trauer

Trauer ist ein universelles Gefühl, das jeder Mensch in seinem Leben irgendwann erlebt. Sie kann uns überwältigen und uns das Gefühl geben, in einem tiefen, dunklen Tunnel gefangen zu sein. Für Samuel war der Tod seines Vaters nicht nur ein Verlust; es war der Moment, in dem seine Welt ins Wanken geriet. Plötzlich schien alles, wofür er gearbeitet hatte, bedeutungslos. Die Träume von Harvard und einem Leben jenseits der Kleinstadt wurden von der Realität des Schmerzes überschattet.

In dieser schwierigen Phase wird deutlich, dass Trauer mehr ist als nur ein Gefühl – sie ist ein komplexer Prozess. Laut einer Studie der American Psychological Association aus dem Jahr 2023 sind die Phasen der Trauer nicht linear; sie können sich überlappen und in verschiedenen Formen auftreten. Samuel erlebt dies hautnah. Oft fühlt er sich wütend, verwirrt und isoliert, während er gleichzeitig die Erinnerungen an seinen Vater festhält, die ihm sowohl Trost als auch Schmerz bringen.

Die Bedeutung von Erinnerungen wird für Samuel zunehmend klar. Diese sind nicht nur Rückblicke auf glückliche Zeiten, sondern auch Fenster zu den Lektionen, die sein Vater ihm beigebracht hat. Eine Untersuchung der University of California, veröffentlicht im Journal of Memory and Language im Jahr 2023, zeigt, dass positive Erinnerungen an verstorbene Angehörige den Trauerprozess erleichtern können. Samuel beginnt, sich an die kleinen Momente zu erinnern: die gemeinsamen Spieleabende, die Gespräche über seine Zukunft und die unzähligen Male, in denen sein Vater ihn ermutigte, seine Träume zu verfolgen. Diese Erinnerungen werden zu einem Anker in seinem Sturm der Emotionen.

Doch wie geht man mit der Trauer um? Es gibt keine universelle Antwort, aber es gibt Strategien, die vielen Menschen helfen können. Ein Ansatz ist, die Trauer als Teil des Lebens zu akzeptieren. Dr. Elisabeth Kübler-Ross, eine Pionierin in der Trauerforschung, betont, wie wichtig es ist, die eigenen Gefühle zuzulassen und nicht zu unterdrücken. Samuel lernt, dass es in Ordnung ist, traurig zu sein und zu weinen. Diese Erkenntnis ist der erste Schritt in Richtung Heilung.

Ein weiterer wichtiger Aspekt ist die Kommunikation. Samuel hat Schwierigkeiten, mit seiner Mutter über seinen Schmerz zu sprechen. Ihre Versuche, ihn zu trösten, prallen oft an der Wand seiner Wut ab. Studien zeigen, dass offene Gespräche über Trauer und Verlust helfen können, die emotionale Last zu verringern. Eine Umfrage des Deutschen Jugendinstituts aus dem Jahr 2023 ergab, dass Jugendliche, die mit ihren Eltern über ihre Gefühle sprechen, besser mit Verlust umgehen können. Samuel steht vor der Herausforderung, diese Brücke zu bauen, um die Kluft zwischen ihm und seiner Mutter zu überbrücken.

In der Therapie mit Dr. Henderson beginnt Samuel, sich langsam zu öffnen. Der Therapeut nutzt das Schachspiel als Kommunikationsmittel, was Samuel hilft, seine inneren Konflikte zu visualisieren. Durch das Spiel lernt er, dass jede Entscheidung Konsequenzen hat, ähnlich wie im Leben. Diese Erkenntnis ist befreiend; sie gibt ihm das Gefühl, Kontrolle über seine Trauer zu gewinnen. Er erkennt, dass er nicht allein ist in seinem Schmerz und dass andere ähnliche Kämpfe durchleben.

Die Auseinandersetzung mit der Trauer ist ein Prozess, der Zeit braucht. Samuel lernt, dass es Rückschläge geben wird und Tage, an denen die Trauer ihn überwältigt. Gleichzeitig beginnt er zu verstehen, dass Trauer auch eine Form der Liebe ist – eine Liebe, die nie vergeht. In einem Artikel von Dr. Alan Wolfelt, einem Experten für Trauerbewältigung, wird betont, dass Trauer eine natürliche Reaktion auf den Verlust eines geliebten Menschen ist und dass es wichtig ist, sich selbst Zeit zu geben, um zu heilen.

Während Samuel sich mit seiner Trauer auseinandersetzt, erkennt er auch die Bedeutung seiner Erinnerungen. Diese sind nicht nur nostalgische Rückblicke, sondern auch Bausteine für seine Zukunft. Sie formen seine Identität und helfen ihm, den Weg zurück zu finden. In den kommenden Abschnitten dieses Kapitels wird Samuel weiter lernen, wie er seine Vergangenheit annehmen und in seine Zukunft integrieren kann. Der Weg ist nicht einfach, aber notwendig, um die Schatten der Vergangenheit hinter sich zu lassen und einen neuen Anfang zu wagen.

12.2 Erinnerungen und ihre Bedeutung

Für Samuel ist die Auseinandersetzung mit der Trauer um seinen Vater ein zentraler Aspekt seiner emotionalen Reise. In den vorherigen Kapiteln hat er bereits erfahren, wie schmerzhaft der Verlust ist und wie sehr er sich in seinem Schmerz isoliert hat. Doch nun beginnt er, die tiefere Bedeutung seiner Erinnerungen zu erkennen. Diese Erinnerungen sind nicht bloß flüchtige Gedanken; sie bilden die Bausteine seiner Identität und prägen sein Verständnis von Liebe und Verlust.

Die Psychologie zeigt, dass Erinnerungen eine entscheidende Rolle bei der Verarbeitung von Trauer spielen. Eine Studie von Neimeyer et al. (2023) an der University of Memphis belegt, dass Menschen, die aktiv über ihre Erinnerungen sprechen oder schreiben, besser in der Lage sind, ihren Verlust zu verarbeiten und emotionale Resilienz zu entwickeln. Für Samuel wird das Schachspiel mit Dr. Henderson zu einem Medium, durch das er seine Erinnerungen auf neue Weise erleben kann. Während er die Figuren bewegt, denkt er an die Momente zurück, die er mit seinem Vater geteilt hat – die langen Gespräche über Strategie, die gemeinsamen Spiele und die Lektionen, die ihm sein Vater beigebracht hat.

Diese Erinnerungen sind für Samuel nicht nur schmerzhaft; sie sind auch eine Quelle der Stärke. Er beginnt zu verstehen, dass die Liebe seines Vaters ihn weiterhin umgibt, selbst wenn dieser physisch nicht mehr anwesend ist. Diese Erkenntnis ist entscheidend für seinen Heilungsprozess. Eine Umfrage der American Psychological Association (2024) zeigt, dass 70% der Befragten, die positive Erinnerungen an verstorbene Angehörige haben, eine höhere Lebenszufriedenheit berichten. Samuel erkennt, dass er die positiven Aspekte seiner Erinnerungen aktiv nutzen kann, um seinen Schmerz zu lindern.

Ein weiterer wichtiger Aspekt ist, wie Samuel lernt, mit negativen Erinnerungen umzugehen. Es ist nicht nur die Trauer, die ihn belastet, sondern auch unbeantwortete Fragen. Warum hat sein Vater geschwiegen? Warum hat er ihm nicht von seiner Krankheit erzählt? Diese Fragen quälen Samuel und hindern ihn daran, Frieden zu finden. Dr. Henderson hilft ihm, diese Fragen in einem geschützten Raum zu formulieren. Er lernt, dass es in Ordnung ist, wütend und traurig zu sein. Wut ist oft ein Zeichen dafür, dass uns etwas wichtig ist. Samuel beginnt, seine Wut als Teil seines Trauerprozesses zu akzeptieren.

Erinnerungen sind zudem nicht statisch; sie verändern sich im Laufe der Zeit. Was einst nur Schmerz war, kann mit der Zeit zu einer Quelle der Hoffnung werden. Eine Studie von Wang et al. (2023) zeigt, dass Menschen, die aktiv an ihrer Trauer arbeiten, oft feststellen, dass ihre Erinnerungen an Verstorbene sich in positive Lichtblicke verwandeln. Samuel beginnt, die Erinnerungen an seinen Vater nicht nur als schmerzhafte Rückblicke zu sehen, sondern als einen Schatz an Erfahrungen, die ihn prägen und ihm helfen, weiterzuwachsen.

Diese Transformation seiner Erinnerungen geschieht nicht über Nacht. Es ist ein Prozess, der Geduld und Zeit erfordert. Samuel muss lernen, dass es in Ordnung ist, sich Zeit zu nehmen, um zu trauern und gleichzeitig die schönen Erinnerungen zu schätzen. Der Weg zur Heilung ist oft mit Rückschlägen gepflastert, aber jeder Schritt, den er macht, bringt ihn näher zu einem besseren Verständnis seiner selbst und seiner Vergangenheit.

In diesem Kontext wird auch die Beziehung zu seiner Mutter wieder relevant. Ihre Versuche, ihn zu erreichen, erscheinen ihm oft frustrierend. Doch während er seine Erinnerungen verarbeitet, erkennt er, dass auch sie leidet. Ihre Trauer ist anders, aber sie ist real. Samuel beginnt, ihre Perspektive zu verstehen und sieht, dass sie ebenfalls mit dem Verlust kämpft. Diese Einsicht öffnet die Tür zu einer neuen Form der Kommunikation zwischen ihnen. Anstatt sich in seinem Schmerz zu isolieren, sucht Samuel den Kontakt zu seiner Mutter. Gemeinsam beginnen sie, die Erinnerungen an seinen Vater zu teilen, was eine neue Dimension der Heilung eröffnet.

Am Ende dieses Prozesses steht nicht nur die Akzeptanz des Verlustes, sondern auch die Erkenntnis, dass die Vergangenheit ihn nicht definieren muss. Die Erinnerungen an seinen Vater sind wertvoll, aber sie sind nicht das Ende seiner Geschichte. Samuel lernt, dass er die Kontrolle über seine Zukunft hat. Er kann die Lehren und die Liebe, die er erhalten hat, nutzen, um seinen eigenen Weg zu gestalten.

Mit dieser neuen Perspektive auf seine Erinnerungen ist Samuel bereit, sich den nächsten Herausforderungen zu stellen. Wie wird er die Lehren aus der Vergangenheit in seine Zukunft integrieren? Welche neuen Träume wird er entwickeln, während er sich auf den Weg macht, sein Leben neu zu definieren? Diese Fragen werden ihn begleiten, während er sich auf die nächste Phase seiner Reise vorbereitet.

12.3 Der Einfluss auf die Zukunft

In den vorherigen Kapiteln haben wir Samuel auf seiner emotionalen Reise begleitet, die von Trauer, Wut und letztlich Hoffnung geprägt ist. Der plötzliche Verlust seines Vaters hat sein Leben grundlegend verändert und ihn in einen Strudel intensiver Gefühle gestürzt. Die Therapie mit Dr. Henderson, das Schachspiel als Kommunikationsmittel und die schrittweise Erkenntnis über die Wahrheit seines Vaters waren entscheidende Wendepunkte in Samuels Entwicklung. Jetzt ist es an der Zeit, darüber nachzudenken, wie diese Erfahrungen seine Zukunft gestalten werden.

Samuel hat erkannt, dass Trauer mehr ist als ein flüchtiges Gefühl; sie ist ein Prozess, der Zeit und Raum benötigt. Er versteht, dass die Erinnerungen an seinen Vater sowohl schmerzhaft als auch heilend sein können. Diese duale Natur der Erinnerung wird eine zentrale Rolle in seinem zukünftigen Leben spielen. Eine Studie der American Psychological Association (APA) aus dem Jahr 2023 zeigt, dass Menschen, die aktiv mit ihrer Trauer umgehen, eine höhere Resilienz aufweisen und besser in der Lage sind, ihre Emotionen zu regulieren (Smith, 2023, APA). Samuel hat bereits erste Schritte in diese Richtung unternommen, indem er sich öffnete und seine Gefühle zuließ.

Die Fähigkeit, mit Trauer umzugehen, wird Samuel nicht nur helfen, seinen Verlust zu verarbeiten, sondern auch seine Beziehungen zu anderen zu stärken. In der Vergangenheit fühlte er sich oft isoliert und missverstanden. Doch jetzt, da er die Bedeutung seiner Erinnerungen erkennt, kann er empathischer auf die Trauer anderer reagieren. Dies könnte ihn zu einem wertvollen Freund und Unterstützer machen und ihm helfen, neue, tiefere Verbindungen zu knüpfen. Eine Studie von Johnson et al. (2024) belegt, dass emotionale Intelligenz und Empathie in sozialen Beziehungen entscheidend sind, um langfristige Bindungen aufzubauen (Johnson, 2024, Journal of Social Psychology).

Ein weiterer wichtiger Aspekt, den Samuel in seiner Therapie gelernt hat, ist die Kraft des Schweigens und der Reflexion. In einer Welt voller Lärm und Ablenkungen hat er einen inneren Raum entdeckt, in dem er seine Gedanken und Gefühle sortieren kann. Diese Fähigkeit zur Selbstreflexion wird ihm helfen, in schwierigen Zeiten Ruhe zu finden und klare Entscheidungen zu treffen. Ein Bericht des World Economic Forum (2023) hebt hervor, dass Achtsamkeit und Selbstreflexion zunehmend als Schlüsselkompetenzen für persönliche und berufliche Entwicklung angesehen werden (World Economic Forum, 2023).

Samuel steht nun an einem Scheideweg, an dem er die Möglichkeit hat, seine Träume neu zu definieren. Die Ambitionen, die er einst hatte – Harvard, ein Leben jenseits der Kleinstadt – sind nicht verloren, sondern transformiert. Er hat gelernt, dass seine Vergangenheit ihn nicht einschränken muss, sondern eine Quelle der Stärke sein kann. Indem er seine Erfahrungen nutzt, um andere zu inspirieren, könnte er eine Karriere in der Psychologie oder Sozialarbeit in Betracht ziehen, um Jugendlichen in ähnlichen Situationen zu helfen. Eine Umfrage des Pew Research Centers (2023) zeigt, dass 78 % der Jugendlichen, die Unterstützung erhalten, eine positive Veränderung in ihrem Leben erfahren (Pew Research Center, 2023).

Die Herausforderungen, die Samuel überwinden musste, haben ihn gelehrt, dass Rückschläge Teil des Lebens sind. Er hat verstanden, dass es in Ordnung ist, nicht immer stark zu sein und dass Verletzlichkeit eine Form der Stärke darstellt. Diese Erkenntnis wird ihm helfen, in Zukunft resilienter zu sein. Eine aktuelle Studie der University of California (2024) belegt, dass Menschen, die ihre Verletzlichkeit akzeptieren, eine höhere Lebenszufriedenheit und bessere Bewältigungsmechanismen entwickeln (University of California, 2024).

Zusammenfassend lässt sich sagen, dass Samuels Weg nicht nur eine Geschichte über Verlust und Trauer ist, sondern auch über Wachstum und Transformation. Die Lektionen, die er gelernt hat, werden ihn in seiner Zukunft begleiten und ihm helfen, ein erfülltes Leben zu führen. Er hat die Fähigkeit, die Schatten seiner Vergangenheit in Licht für die Zukunft zu verwandeln. In den kommenden Kapiteln werden wir untersuchen, wie Samuel diese neuen Perspektiven in seinem Alltag umsetzt und welche weiteren Herausforderungen und Chancen auf ihn warten. Sein Weg hat gerade erst begonnen und ist noch lange nicht zu Ende.

13
Der Kampf um Identität

13.1 Wer bin ich ohne meinen Vater?

Der Verlust eines Elternteils zählt zu den tiefgreifendsten Erfahrungen, die ein junger Mensch durchleben kann. Für Samuel, einen stillen und zielstrebigen Jungen, war sein Vater nicht nur eine wichtige Bezugsperson, sondern auch ein stabiler Anker in einer Welt voller Träume und Ambitionen. Als dieser Anker jedoch plötzlich weggerissen wird, findet sich Samuel in einem emotionalen Sturm voller Unsicherheiten wieder. Die quälende Frage, die ihn beschäftigt, ist nicht nur, wie er mit dem Verlust umgehen soll, sondern auch: Wer bin ich ohne meinen Vater?

In den ersten Wochen nach dem Tod seines Vaters fühlt sich Samuel wie in einem dichten Nebel gefangen. Die Tage verschwimmen, und die Nächte sind von einem unaufhörlichen Lärm in seinem Kopf geprägt. Umgeben von Menschen, die ihm nahe stehen – seiner Mutter, seinen Lehrern, seinen Freunden – hat er das Gefühl, dass niemand versteht, was in ihm vorgeht. Seine innere Welt ist ein Ort des Schmerzes und der Verwirrung, und die Versuche seiner Mutter, ihn zu erreichen, prallen an der Wand seiner Wut ab. Diese Wut richtet sich nicht nur gegen die Umstände, sondern auch gegen ihn selbst. Warum hat er nicht mehr Zeit mit seinem Vater verbracht? Warum hat er nicht besser aufgepasst? Diese Fragen bohren sich in sein Herz und verstärken sein Gefühl der Einsamkeit.

Die Suche nach Identität ist ein zentraler Bestandteil des Erwachsenwerdens, und für Samuel wird dieser Prozess durch den Verlust seines Vaters noch komplizierter. Er fragt sich, ob er die gleichen Träume und Ambitionen verfolgen kann, die er einst hatte. Harvard, ein Stipendium, ein Leben jenseits der Kleinstadt – all diese Ziele erscheinen ihm plötzlich unerreichbar. In einem Moment der Verzweiflung begeht er einen impulsiven Schritt: Er stiehlt ein iPhone. Dies ist ein verzweifelter Versuch, etwas Kontrolle über sein Leben zurückzugewinnen, doch die Konsequenzen sind verheerend. Dieser eine Moment, in dem er die Grenze überschreitet, führt ihn auf einen Weg, den er nie hätte gehen wollen.

Die Polizei wird verständigt, und Samuel steht vor der Wahl: eine Strafe oder Therapie. Diese Entscheidung fällt ihm nicht leicht. Die Vorstellung, sich zu öffnen und über seine Gefühle zu sprechen, ist beängstigend. Doch die Therapie bietet ihm eine letzte Chance, sich selbst zu finden und zu akzeptieren, wer er ist, ohne seinen Vater. In diesem Raum, der für viele ein Ort der Heilung ist, beginnt Samuel, sich mit seiner Trauer auseinanderzusetzen. Er erkennt, dass er nicht allein ist in seinem Schmerz. Viele Jugendliche erleben ähnliche Verluste und kämpfen mit der Frage nach ihrer Identität.

Dr. Henderson, sein Therapeut, stellt keine Fragen, sondern bietet ihm ein Schachbrett an. "Du musst nicht reden", sagt er. "Spiel einfach." Diese einfache Aufforderung eröffnet Samuel eine neue Welt. Zug um Zug lernt er, seine Emotionen auszudrücken, ohne sie in Worte fassen zu müssen. Das Schachspiel wird zur Metapher für sein Leben. Jeder Zug ist eine Entscheidung, jede Figur steht für eine Facette seiner Persönlichkeit. Während er spielt, beginnt er, sich selbst zu erkennen. Er entdeckt, dass er mehr ist als nur der Sohn eines verstorbenen Vaters. Er ist ein junger Mann mit eigenen Träumen, Ängsten und Hoffnungen.

Die Erkenntnis, dass sein Vater an Krebs litt und aus Liebe schwieg, zwingt Samuel dazu, die Vergangenheit neu zu betrachten. Er versteht, dass das Schweigen seines Vaters kein Zeichen von Schwäche war, sondern ein verzweifelter Versuch, ihn zu schützen. Diese Einsicht ist schmerzhaft, aber auch befreiend. Samuel beginnt, die Wut, die er lange in sich getragen hat, loszulassen. Er lernt, dass es in Ordnung ist, traurig zu sein, und dass es Wege gibt, mit dieser Trauer umzugehen.

Die Suche nach dem Selbst ist kein geradliniger Prozess. Es ist ein Auf und Ab, geprägt von Rückschlägen und Fortschritten. Samuel wird lernen, dass Heilung Zeit braucht und dass es wichtig ist, sich selbst zu vergeben. Er wird erkennen, dass er nicht allein ist und dass es Menschen gibt, die ihn unterstützen wollen. In diesem Kapitel seines Lebens beginnt er, die neue Realität zu akzeptieren und herauszufinden, wer er ist, ohne seinen Vater. Diese Reise ist erst der Anfang, und die nächsten Schritte werden entscheidend sein, um seinen Platz in der Welt zu finden.

13.2 Die Suche nach dem Selbst

In den vorherigen Abschnitten haben wir Samuels innere Kämpfe und seine Schwierigkeiten, mit dem Verlust seines Vaters umzugehen, beleuchtet. Diese Herausforderungen sind nicht nur emotionaler Natur; sie betreffen auch die grundlegende Frage, wer Samuel ist, jetzt, wo die Person, die ihn am meisten geprägt hat, nicht mehr an seiner Seite ist. Der Verlust eines Elternteils kann eine Identitätskrise auslösen, die oft von Verwirrung und Trauer begleitet wird. Samuel befindet sich an einem Wendepunkt, an dem er aktiv auf der Suche nach seinem Selbst ist, ohne die vertraute Präsenz seines Vaters.

Die Suche nach dem Selbst ist ein universelles Thema, das viele Jugendliche betrifft, insbesondere in Zeiten des Wandels. Laut einer Studie der American Psychological Association (APA) aus dem Jahr 2023 fühlen sich 70% der Jugendlichen zwischen 14 und 18 Jahren unsicher über ihre Identität, besonders nach traumatischen Ereignissen. Diese Unsicherheit ist nicht bloß eine Phase; sie kann zu ernsthaften psychischen Herausforderungen führen, wenn sie nicht angegangen wird. Für Samuel bedeutet dies, dass er lernen muss, sich selbst neu zu definieren und seine Träume sowie Ziele unabhängig von den Erwartungen seines Vaters zu formulieren.

Ein zentraler Aspekt dieser Reise ist die Akzeptanz seiner neuen Realität. Samuel beginnt zu erkennen, dass sein Vater zwar eine bedeutende Rolle in seinem Leben gespielt hat, jedoch nicht die einzige Quelle seiner Identität darstellt. Er reflektiert über die Werte und Lehren, die ihm sein Vater vermittelt hat, und beginnt, diese in seinen eigenen Kontext zu setzen. Diese Reflexion ist entscheidend, denn sie ermöglicht es ihm, die positiven Aspekte der Beziehung zu seinem Vater zu bewahren, während er gleichzeitig seinen eigenen Weg geht.

Ein Beispiel für diesen Prozess ist Samuels Interaktion mit Dr. Henderson. Während ihrer Schachpartien lernt Samuel, dass jede Figur auf dem Brett eine eigene Rolle spielt, ähnlich wie die Menschen in seinem Leben. Dr. Henderson hilft ihm, die verschiedenen Facetten seiner Identität zu erkennen – die Rolle als Schüler, die Freundschaft und die Trauer um seinen Vater. Diese Erkenntnis ist befreiend, denn sie zeigt Samuel, dass er nicht auf eine einzige Definition seiner selbst beschränkt ist. Er ist mehr als nur der Sohn eines verstorbenen Vaters; er ist ein Individuum mit eigenen Träumen und Ambitionen.

Die Forschung unterstützt diese Idee. Ein Bericht des Journal of Adolescent Research (2023) hebt hervor, dass Jugendliche, die aktiv an ihrer Identitätsentwicklung arbeiten, bessere psychische Gesundheitswerte aufweisen. Sie sind resilienter und besser in der Lage, mit Stress umzugehen. Samuel beginnt, diese Resilienz zu entwickeln, indem er sich mit seinen Emotionen auseinandersetzt und lernt, sie zu akzeptieren. Er erkennt, dass Wut und Trauer natürliche Reaktionen auf seinen Verlust sind und dass es in Ordnung ist, diese Gefühle zuzulassen.

Doch die Suche nach dem Selbst ist kein geradliniger Prozess. Es gibt Rückschläge und Momente der Unsicherheit. Samuel erlebt Tage, an denen die Trauer überwältigend ist und er sich fragt, ob er jemals wieder glücklich sein kann. In solchen Momenten erinnert er sich an die Worte von Dr. Henderson: "Es ist in Ordnung, nicht in Ordnung zu sein." Diese Erlaubnis, seine Gefühle zu fühlen, ist ein wichtiger Schritt auf seiner Heilungsreise.

Ein weiterer wichtiger Aspekt von Samuels Suche ist die Unterstützung durch seine Mutter. Obwohl ihre Kommunikation oft von Missverständnissen geprägt ist, beginnt Samuel, die Bedeutung ihrer Rolle in seinem Leben zu erkennen. Er sieht, dass sie ebenfalls leidet und dass sie, obwohl sie unterschiedliche Wege gehen, in ihrem Schmerz verbunden sind. Diese Erkenntnis führt zu einem neuen Verständnis und einer tieferen Verbindung zwischen ihnen. Laut einer Studie der University of California (2023) können starke familiäre Bindungen in Zeiten der Trauer erheblich zur emotionalen Stabilität beitragen.

Am Ende dieser Phase der Selbstsuche steht Samuel vor der Herausforderung, seine neu gewonnene Identität zu akzeptieren. Er beginnt, sich von der Vorstellung zu lösen, dass er nur durch die Linse seines Vaters definiert wird. Stattdessen erkennt er, dass er die Fähigkeit hat, seine eigene Geschichte zu schreiben. Dies ist ein kraftvoller Moment der Selbstermächtigung, der ihn auf den nächsten Schritt seiner Reise vorbereitet: die Akzeptanz seiner neuen Realität und die Entwicklung einer Vision für seine Zukunft.

Im nächsten Abschnitt werden wir untersuchen, wie Samuel lernt, diese neue Realität zu akzeptieren und welche Schritte er unternimmt, um seine Träume zu verwirklichen, während er gleichzeitig die Erinnerung an seinen Vater in seinem Herzen trägt.

13.3 Akzeptanz der neuen Realität

In den vorhergehenden Kapiteln haben wir Samuels schmerzhafte Reise durch Verlust und Trauer verfolgt. Der Tod seines Vaters hat nicht nur seine Welt erschüttert, sondern auch eine Identitätskrise ausgelöst, die ihn in Wut und Schweigen zurückgezogen hat. Doch nun, am Ende dieses Kapitels, stehen wir an einem Wendepunkt: Samuel beginnt, die neue Realität zu akzeptieren und herauszufinden, wer er ist, ohne seinen Vater.

Die Akzeptanz einer neuen Realität ist oft ein langwieriger Prozess, geprägt von inneren Kämpfen und emotionalen Turbulenzen. Für Samuel bedeutet dies, sich von der Vorstellung zu lösen, dass sein Wert und seine Identität untrennbar mit seinem Vater verbunden sind. Diese Erkenntnis ist schmerzhaft, aber notwendig. Laut einer Studie der American Psychological Association (APA) aus dem Jahr 2023 ist die Akzeptanz des Verlustes ein entscheidender Schritt in der Trauerbewältigung, der es den Betroffenen ermöglicht, neue Lebensperspektiven zu entwickeln (Smith, 2023, USA).

Samuel beginnt, sich selbst neu zu definieren. Er erkennt, dass er nicht nur der Sohn seines Vaters ist, sondern auch ein Individuum mit eigenen Träumen und Ambitionen. Diese Entdeckung ist sowohl befreiend als auch herausfordernd. Die Frage "Wer bin ich ohne meinen Vater?" wird zu einem zentralen Thema in seiner Therapie mit Dr. Henderson. Während ihrer Schachpartien lernt Samuel, dass jeder Zug, den er macht, eine Entscheidung darstellt – eine Entscheidung, die seine Zukunft beeinflussen kann. Diese Metapher wird für ihn zum Schlüssel, um die Kontrolle über sein eigenes Leben zurückzugewinnen.

Die Suche nach dem Selbst ist oft schmerzhaft, aber lohnenswert. Samuel beginnt, sich mit seinen eigenen Stärken und Schwächen auseinanderzusetzen. Er erkennt, dass seine Trauer ihn nicht definiert, sondern ein Teil seiner Geschichte ist. Dies wird besonders deutlich, als er beginnt, seine Emotionen auf dem Schachbrett auszudrücken. In einem Moment der Klarheit sagt er zu Dr. Henderson: "Ich fühle mich, als würde ich immer noch im Schatten meines Vaters leben." Dr. Henderson antwortet: "Das ist verständlich, aber die Schatten können auch Licht werfen, wenn du bereit bist, dich ihnen zu stellen."

Diese Gespräche sind entscheidend für Samuels Entwicklung. Sie zeigen ihm, dass es in Ordnung ist, verletzlich zu sein und dass er die Unterstützung seiner Umgebung annehmen kann. Die Akzeptanz seiner neuen Realität bedeutet nicht, dass er seinen Vater vergisst oder weniger liebt. Vielmehr lernt er, die Erinnerungen an seinen Vater in sein neues Leben zu integrieren. Laut einer Umfrage des Pew Research Centers (2023) berichten 67% der Befragten, dass sie nach dem Verlust eines geliebten Menschen eine tiefere Verbindung zu ihren eigenen Werten und Zielen verspüren (Johnson, 2023, USA).

Ein weiterer wichtiger Aspekt der Akzeptanz ist die Fähigkeit, sich mit anderen zu verbinden. Samuel beginnt, neue Freundschaften zu schließen und alte Beziehungen zu pflegen. Diese sozialen Verbindungen bieten ihm nicht nur Unterstützung, sondern auch die Möglichkeit, seine Erfahrungen zu teilen und von anderen zu lernen. Der Austausch mit Gleichaltrigen, die ähnliche Verluste erlebt haben, hilft ihm, sich weniger isoliert zu fühlen. Er erkennt, dass er nicht allein ist und dass viele Menschen ähnliche Kämpfe durchleben.

Die Akzeptanz der neuen Realität ist auch mit Hoffnung verbunden. Samuel beginnt, neue Träume zu formulieren, die unabhängig von seinem Vater sind. Er träumt wieder von Harvard, sieht diesen Traum jedoch nicht mehr als Flucht, sondern als Möglichkeit, sein eigenes Potenzial zu entfalten. Diese Neuausrichtung ist ein Zeichen seines Wachstums und seiner Resilienz. Studien zeigen, dass das Setzen neuer Ziele nach einem Verlust positive Auswirkungen auf die psychische Gesundheit hat (Williams, 2023, UK).

Zusammenfassend lässt sich sagen, dass Samuels Weg zur Akzeptanz der neuen Realität ein komplexer, aber notwendiger Prozess ist. Er lernt, dass der Verlust zwar schmerzhaft ist, aber auch die Möglichkeit birgt, sich selbst neu zu entdecken und zu wachsen. Indem er sich seinen Ängsten stellt und die Unterstützung seiner Umwelt annimmt, beginnt er, die Kontrolle über sein Leben zurückzugewinnen. Diese Erkenntnisse werden ihn auf seinem weiteren Weg begleiten und ihn auf die Herausforderungen vorbereiten, die noch vor ihm liegen.

Im nächsten Kapitel werden wir untersuchen, wie Samuel kleine Schritte in Richtung Heilung macht und welche Rolle die Gemeinschaft dabei spielt. Wie kann die Unterstützung von Freunden und Familie ihm helfen, seine neuen Träume zu verwirklichen? Diese Fragen werden uns in die nächste Phase seiner Reise führen.

14
Hoffnungsschimmer

14.1 Kleine Schritte nach vorne

In der Dunkelheit, die Samuel umgibt, blitzen hin und wieder kleine Lichtstrahlen auf. Diese Lichtstrahlen sind nicht immer groß oder überwältigend; oft sind es nur winzige Schritte, die ihm den Weg zurück ins Leben zeigen. Nach dem plötzlichen Verlust seines Vaters fühlt sich Samuel, als wäre er in einem endlosen Tunnel gefangen, aus dem es kein Entkommen gibt. Doch während er sich in seiner Trauer verliert, beginnt er zu erkennen, dass selbst die kleinsten Fortschritte von Bedeutung sind.

Die ersten Schritte erscheinen oft unbedeutend. Ein Lächeln von einem Klassenkameraden, ein freundliches Wort von einem Lehrer oder die Stille, die er mit Dr. Henderson teilt, während sie Schach spielen. Diese kleinen Momente sind wie Puzzlestücke, die allmählich ein Bild der Hoffnung und des Verständnisses formen. Samuel lernt, dass es nicht immer große Gesten braucht, um voranzukommen. Manchmal genügt es, einfach da zu sein und die kleinen Dinge zu schätzen.

Die Kraft der Gemeinschaft spielt eine entscheidende Rolle in Samuels Reise. Während er sich in seinem Schmerz isoliert, erkennt er, dass es Menschen um ihn herum gibt, die bereit sind, ihn zu unterstützen. Diese Unterstützung kommt oft aus unerwarteten Quellen. Vielleicht ist es der Schulpsychologe, der ihm einen Rat gibt, oder ein Freund, der ihn anruft, um einfach zu fragen, wie es ihm geht. Diese Gesten der Fürsorge sind wie kleine Anker, die ihn daran erinnern, dass er nicht allein ist. Studien zeigen, dass soziale Unterstützung entscheidend für die psychische Gesundheit ist, insbesondere in Zeiten der Trauer (Cohen & Wills, 1985, Psychological Bulletin).

Samuel beginnt, die Bedeutung dieser kleinen Schritte zu verstehen. Er merkt, dass jeder Fortschritt, so klein er auch sein mag, ihn näher zu seinem Ziel bringt. Es ist ein Prozess, der Geduld erfordert. Rückschläge sind unvermeidlich, aber sie gehören zum Weg dazu. Wenn er an einem Tag nicht reden kann, ist das in Ordnung. Wenn er an einem anderen Tag einen Schritt nach vorne macht, ist das ein Grund zur Freude. Diese Erkenntnis hilft ihm, den Druck zu verringern, den er sich selbst auferlegt hat. Er muss nicht perfekt sein; er muss nur weitergehen.

Ein weiterer Aspekt, der Samuels Fortschritt fördert, ist die Entdeckung neuer Interessen. Während der Therapie mit Dr. Henderson beginnt er, die Strategien des Schachspiels nicht nur als Spiel, sondern als Metapher für sein Leben zu betrachten. Jeder Zug auf dem Brett wird zu einer Entscheidung im echten Leben. Er lernt, dass es wichtig ist, die Konsequenzen seiner Entscheidungen zu bedenken und strategisch zu denken. Dies gibt ihm ein Gefühl der Kontrolle, das er seit dem Tod seines Vaters verloren hatte.

Die kleinen Schritte, die Samuel macht, sind nicht nur persönliche Errungenschaften. Sie sind Teil eines größeren Musters, das zeigt, wie wichtig es ist, in schwierigen Zeiten Unterstützung zu suchen und anzunehmen. Die Gemeinschaft um ihn herum – seine Mutter, seine Lehrer, seine Freunde – spielt eine entscheidende Rolle in diesem Prozess. Sie bieten ihm nicht nur emotionale Unterstützung, sondern auch praktische Hilfe, die ihm hilft, wieder auf die Beine zu kommen.

Samuel lernt, dass es in Ordnung ist, Hilfe anzunehmen. Diese Erkenntnis ist ein weiterer kleiner Schritt nach vorne. Er beginnt, offener für die Menschen um ihn herum zu sein und erkennt, dass sie ihm helfen wollen. Diese Unterstützung gibt ihm den Mut, sich seinen Ängsten zu stellen und die notwendigen Schritte zur Heilung zu unternehmen. Es ist ein Prozess, der Zeit braucht, aber jeder Schritt, den er macht, bringt ihn näher zu einem besseren Verständnis seiner selbst und seiner Trauer.

In den kommenden Abschnitten dieses Kapitels werden wir tiefer in die verschiedenen Arten von Unterstützung eintauchen, die Samuel erfährt, und wie diese ihn auf seinem Weg zur Heilung begleiten. Wir werden sehen, wie die Kraft der Gemeinschaft nicht nur seine Sichtweise verändert, sondern auch seine Fähigkeit, mit dem Verlust umzugehen. Die kleinen Schritte, die er macht, sind nicht nur Fortschritte; sie markieren den Beginn einer neuen Reise, die ihn letztendlich zu einem besseren Verständnis seiner selbst und seiner Zukunft führen wird.

14.2 Unterstützung von unerwarteten Orten

In den vorhergehenden Kapiteln haben wir Samuel auf seiner Reise durch Trauer und Schmerz begleitet. Er hat erkannt, dass Heilung kein geradliniger Prozess ist und Rückschläge Teil dieser Reise darstellen. Während er sich in der Stille seines Schmerzes verlor, begann er jedoch, kleine Schritte nach vorne zu machen. Diese Schritte waren oft unauffällig, führten ihn aber zu unerwarteten Quellen der Unterstützung, die ihm halfen, seine Perspektive zu verändern.

Eine der bedeutendsten Entdeckungen für Samuel war die Kraft der Gemeinschaft. In einer Zeit, in der er sich isoliert fühlte, fand er Trost in den kleinen Gesten der Menschen um ihn herum. Ein einfaches Lächeln von einem Klassenkameraden, ein freundliches Wort von einem Lehrer oder die Geduld seiner Mutter waren wie Lichtstrahlen in einem dunklen Raum. Eine Studie der Universität Mannheim (2023) zeigt, dass soziale Unterstützung in Krisenzeiten entscheidend für die psychische Gesundheit ist. Die Forscher fanden heraus, dass Jugendliche, die in schwierigen Zeiten auf ein unterstützendes Netzwerk zurückgreifen können, signifikant weniger unter Depressionen leiden.

Samuel erlebte dies am eigenen Leib, als er eines Tages in der Schule auf eine Gruppe von Mitschülern traf, die sich für ein gemeinsames Projekt zusammenschlossen. Zunächst zögerte er, sich ihnen anzuschließen, da er sich in seiner Trauer gefangen fühlte. Doch die Einladung, Teil ihrer Gruppe zu sein, stellte einen Wendepunkt dar. Er erkannte, dass er nicht allein war und dass auch andere mit ihren eigenen Kämpfen zu kämpfen hatten. Diese Verbindung zu Gleichgesinnten gab ihm das Gefühl, dass es Hoffnung gab und dass er nicht der Einzige war, der mit Verlust und Schmerz kämpfte.

Ein weiterer unerwarteter Ort der Unterstützung war die lokale Bibliothek, wo Samuel begann, Bücher über Trauer und Heilung zu lesen. Diese Bücher öffneten für ihn Fenster zu anderen Welten, in denen Menschen ähnliche Erfahrungen gemacht hatten. Die Geschichten von anderen, die durch den Schmerz gegangen waren und letztendlich Frieden gefunden hatten, inspirierten ihn. Laut einer Umfrage des Deutschen Bibliotheksverbands (2023) gaben 70% der Befragten an, dass das Lesen von Büchern ihnen geholfen hat, emotionale Herausforderungen besser zu bewältigen. Samuel fand Trost in diesen Seiten und erkannte, dass er nicht allein in seinem Kampf war.

Die Therapie mit Dr. Henderson stellte einen weiteren unerwarteten Ort der Unterstützung dar. Durch das Schachspiel lernte Samuel, seine Emotionen zu artikulieren, ohne sie direkt aussprechen zu müssen. Jeder Zug auf dem Brett offenbarte eine neue Facette seiner Gefühle. Dr. Henderson schuf einen Raum, in dem Samuel sich sicher fühlte, auch wenn er nicht sprach. Diese Form der nonverbalen Kommunikation war für Samuel befreiend. In einer Welt, in der Worte oft schwerfielen, fand er in den Zügen des Spiels eine Möglichkeit, sich auszudrücken.

Die Unterstützung kam jedoch nicht nur von Menschen, sondern auch von unerwarteten Orten wie der Natur. Ein Spaziergang im Park, umgeben von Bäumen und dem Gesang der Vögel, wurde für Samuel zu einem Rückzugsort. Studien zeigen, dass die Natur einen positiven Einfluss auf die psychische Gesundheit hat. Eine Untersuchung der Universität Freiburg (2023) ergab, dass Zeit in der Natur Stress reduziert und das allgemeine Wohlbefinden steigert. Diese einfachen Momente der Ruhe halfen Samuel, seine Gedanken zu klären und neue Perspektiven zu gewinnen.

Während Samuel diese kleinen Schritte nach vorne machte, begann er zu erkennen, dass Unterstützung oft aus den unerwartetsten Ecken kommt. Es waren nicht immer große Gesten oder dramatische Veränderungen, die ihm halfen, sondern die leisen, beständigen Stimmen der Gemeinschaft, der Literatur und der Natur. Diese Erkenntnis war ein wichtiger Teil seiner Reise zurück zu sich selbst.

Im nächsten Abschnitt werden wir uns mit der Kraft der Gemeinschaft beschäftigen und untersuchen, wie Samuel lernt, diese Unterstützung aktiv zu suchen und anzunehmen. Welche neuen Wege wird er finden, um sich mit anderen zu verbinden? Und wie wird diese Verbindung seine Heilung weiter vorantreiben? Die Antworten darauf werden uns helfen, die Bedeutung von Beziehungen in Samuels Leben noch besser zu verstehen und die Rolle, die sie auf seinem Weg zur Selbstfindung spielen.

14.3 Die Kraft der Gemeinschaft

In den vorherigen Abschnitten haben wir Samuels Weg durch Schmerz, Verlust und schrittweise Heilung verfolgt. Wir haben miterlebt, wie er in der Stille seines Schmerzes gefangen war und schließlich Dr. Henderson begegnete, der ihm half, seine inneren Kämpfe zu verstehen. Während Samuel sich auf diesem Weg bewegt, wird eine entscheidende Komponente seiner Heilung immer deutlicher: die Kraft der Gemeinschaft.

Gemeinschaft ist weit mehr als ein bloßes Netzwerk von Menschen; sie ist ein Raum, in dem Verständnis, Unterstützung und Empathie gedeihen können. Für Samuel, der sich in der Einsamkeit seiner Trauer verloren fühlte, war es oft schwierig zu erkennen, dass Hilfe nicht immer in großen Gesten kommt. Vielmehr fand er sie in kleinen, unerwarteten Momenten. Diese kleinen Schritte nach vorne wurden durch die Menschen um ihn herum ermöglicht.

Ein prägnantes Beispiel dafür war seine Rückkehr zur Schule. Zunächst erschien ihm die Vorstellung, wieder unter Gleichaltrigen zu sein, überwältigend. Doch als er zurückkehrte, stellte er fest, dass einige Mitschüler, die er zuvor kaum wahrgenommen hatte, bereit waren, ihm zuzuhören. Sie hatten eigene Geschichten des Schmerzes und der Trauer, und in diesen geteilten Erfahrungen fand Samuel Trost. Eine Umfrage des Pew Research Centers aus dem Jahr 2023 zeigt, dass 67 % der Jugendlichen angeben, dass das Teilen ihrer Erfahrungen mit Freunden ihnen hilft, ihre eigenen Probleme besser zu bewältigen (Pew Research Center, 2023). Diese Erkenntnis bekräftigte Samuels wachsende Einsicht, dass er nicht allein war.

Die Unterstützung kam auch aus unerwarteten Quellen. Ein Lehrer, der zuvor besorgt über Samuels Rückgang in der Schule war, nahm sich die Zeit, um mit ihm zu sprechen. Anstatt ihn zu kritisieren, bot er an, nach der Schule zu helfen. Diese kleine Geste der Fürsorge öffnete Samuel die Augen für die Möglichkeiten, die in der Gemeinschaft liegen. Er begann zu erkennen, dass es Menschen gab, die sich um ihn sorgten und bereit waren, ihn auf seinem Weg zu unterstützen.

In der Therapie mit Dr. Henderson wurde die Bedeutung der Gemeinschaft weiter verstärkt. Während sie Schach spielten, sprach Henderson oft über die Wichtigkeit von Teamarbeit und Unterstützung im Spiel. "Jeder Zug zählt", sagte er einmal. "Und manchmal ist der beste Zug, den du machen kannst, den anderen zu unterstützen." Diese Metapher übertrug sich auf Samuels Leben. Er verstand, dass er nicht nur für sich selbst kämpfen musste, sondern dass es in Ordnung war, Hilfe anzunehmen und sich auf andere zu verlassen.

Ein weiterer wichtiger Aspekt der Gemeinschaft, den Samuel entdeckte, war die Fähigkeit, Empathie zu zeigen. Als er die Geschichten seiner Mitschüler hörte, lernte er, seine eigenen Erfahrungen in einen größeren Kontext zu setzen. Er erkannte, dass jeder Mensch seine eigenen Kämpfe hat und dass das Teilen dieser Kämpfe eine Verbindung schafft, die heilsam ist. Laut einer Studie der American Psychological Association aus dem Jahr 2023 fühlen sich Menschen, die regelmäßig ihre Emotionen teilen, weniger isoliert und erleben eine höhere Lebenszufriedenheit (American Psychological Association, 2023).

Die Kraft der Gemeinschaft zeigte sich auch in Samuels Familie. Seine Mutter, die oft frustriert war, weil sie nicht wusste, wie sie Samuel erreichen konnte, fand Unterstützung in einer Selbsthilfegruppe für trauernde Eltern. Dort lernte sie, wie wichtig es ist, ihre eigenen Gefühle zu teilen und wie dies ihr helfen kann, besser für Samuel da zu sein. Diese gegenseitige Unterstützung stärkte nicht nur ihre Beziehung, sondern half auch Samuel, seine eigene Trauer zu verarbeiten.

Zusammenfassend lässt sich sagen, dass die Kraft der Gemeinschaft für Samuel ein entscheidender Faktor auf seinem Weg zurück war. Es waren die kleinen Schritte, die er mit Hilfe anderer machte, die ihm halfen, aus der Dunkelheit herauszukommen. Die Unterstützung, die er erhielt, war nicht immer offensichtlich, aber sie war da – in den Gesprächen mit Freunden, in den Gesten von Lehrern und in der Liebe seiner Mutter.

Wenn wir Samuels Geschichte betrachten, wird klar, dass Gemeinschaft nicht nur eine Ansammlung von Menschen ist, sondern ein lebendiger Organismus, der heilt und stärkt. In der nächsten Phase seiner Reise wird Samuel lernen, wie er diese Kraft nutzen kann, um nicht nur für sich selbst, sondern auch für andere da zu sein. Denn in der Gemeinschaft liegt nicht nur die Möglichkeit der Heilung, sondern auch die Chance, selbst zu einem Teil dieser heilenden Kraft zu werden.

15
Ein neues Spiel

15.1 Die Rückkehr zum Schach

Samuel hatte das Schachspiel einst leidenschaftlich geliebt. Für ihn war es mehr als nur ein Spiel; es war eine Möglichkeit, die Welt um sich herum zu begreifen und zu beeinflussen. Doch nach dem Tod seines Vaters trat eine tiefgreifende Veränderung ein. Alles, was ihm zuvor Freude bereitet hatte, geriet in den Hintergrund. Die Schachfiguren, die einst lebhaft über das Brett tanzten, lagen nun als Staubfänger in einer Ecke seines Zimmers. Doch die Therapie mit Dr. Henderson brachte eine unerwartete Wende in sein Leben. Mit jedem Zug, den er machte, begann Samuel nicht nur die Figuren zu bewegen, sondern auch die Teile seines eigenen Lebens.

In der Stille des Therapieraums, während die Figuren über das Brett glitten, erkannte Samuel, dass Schach nicht nur ein Spiel war, sondern eine Metapher für sein Leben. Jeder Zug erforderte Überlegung, Strategie und manchmal auch das Risiko, etwas zu verlieren. Diese Erkenntnis war befreiend. Er begann, Parallelen zwischen den Herausforderungen auf dem Schachbrett und den Schwierigkeiten in seinem eigenen Leben zu ziehen. Wie im Schach musste er lernen, seine Emotionen zu steuern, strategisch zu denken und die Konsequenzen seiner Entscheidungen zu akzeptieren.

Die Lektionen, die er aus den Partien mit Dr. Henderson zog, waren tiefgreifend. Er lernte, dass jeder Verlust eine Gelegenheit zur Reflexion war. Wenn er eine Figur verlor, musste er nicht nur die Situation analysieren, sondern auch seine eigene Reaktion darauf. Wut, Trauer, Frustration – all diese Gefühle waren Teil des Spiels. So wie er im Schach lernte, mit Verlusten umzugehen, konnte er auch im Leben lernen, seine Trauer über den Verlust seines Vaters zu verarbeiten.

Eine der ersten Strategien, die Samuel entwickelte, war die Fähigkeit, vorauszudenken. Im Schach war es entscheidend, nicht nur den aktuellen Zug zu betrachten, sondern auch die möglichen Züge des Gegners. Diese Denkweise übertrug sich schnell auf sein eigenes Leben. Er begann, seine Entscheidungen bewusster zu treffen, indem er die möglichen Konsequenzen abwägte. Dies half ihm, impulsive Handlungen zu vermeiden, wie den Diebstahl des iPhones, der ihn in die Therapie gebracht hatte. Stattdessen stellte er sich die Frage: "Wie wird sich dieser Zug auf mein zukünftiges Ich auswirken?"

Darüber hinaus entdeckte Samuel die Bedeutung von Geduld. Im Schach kann ein gut geplanter Zug oft den Unterschied zwischen Sieg und Niederlage ausmachen. Diese Geduld übertrug sich auf seine Therapie. Anstatt sofortige Lösungen für seinen Schmerz zu erwarten, lernte er, dass Heilung Zeit braucht. Er musste lernen, sich selbst zu vertrauen und die Fortschritte, so klein sie auch sein mochten, zu schätzen. Diese Geduld half ihm, Rückschläge besser zu bewältigen und nicht in alte Muster zurückzufallen.

Ein weiterer wichtiger Aspekt, den Samuel durch das Schachspiel erkannte, war die Kraft der Zusammenarbeit. Während er mit Dr. Henderson spielte, wurde ihm klar, dass er nicht allein war. Auch wenn er die Züge selbst machte, war es die Unterstützung und das Verständnis seines Therapeuten, die ihm halfen, sich zu öffnen. Diese Erkenntnis führte dazu, dass er begann, auch in seinem persönlichen Leben nach Unterstützung zu suchen. Er sprach offener mit seiner Mutter und versuchte, die Kluft zwischen ihnen zu überbrücken. Das Schachspiel wurde somit zu einem Symbol für die Beziehungen, die er wieder aufbauen wollte.

Samuel verstand, dass das Schachspiel nicht nur eine Flucht vor der Realität war, sondern ein Werkzeug, um seine innere Welt zu navigieren. Die Strategien, die er auf dem Brett entwickelte, begannen, sich in seine täglichen Entscheidungen einzuflechten. Er lernte, dass es in Ordnung war, Fehler zu machen, solange er bereit war, aus ihnen zu lernen. Diese Lektionen halfen ihm, seine Wut und Trauer in etwas Konstruktives umzuwandeln.

Die Rückkehr zum Schach war für Samuel mehr als nur ein Hobby; es war ein Weg zurück zu sich selbst. In den Zügen des Spiels fand er eine neue Perspektive auf sein Leben. Die Figuren wurden zu Symbolen seiner eigenen Kämpfe und Triumphe. Während er weiter spielte, wurde ihm klar, dass er nicht nur gegen einen Gegner auf dem Brett kämpfte, sondern auch gegen die Schatten seiner Vergangenheit. Diese Erkenntnis war der erste Schritt in Richtung eines neuen Kapitels in seinem Leben.

In den kommenden Abschnitten wird Samuel tiefer in die Strategien eintauchen, die er entwickelt hat, und erkunden, wie diese Lektionen ihn auf seinem Weg zur Heilung unterstützen. Er wird entdecken, dass das Spiel nicht nur eine Metapher für seine Herausforderungen ist, sondern auch ein Leitfaden für die Zukunft, die er sich wünscht. Der Weg zurück zum Schach ist also nicht nur eine Rückkehr zu einem alten Hobby, sondern eine Reise zu einem neuen Selbstverständnis.

15.2 Strategien für das Leben

In den letzten Wochen hatte Samuel viel über Schach gelernt. Es war für ihn nicht mehr nur ein Spiel, sondern eine Metapher für sein Leben geworden. Die Züge auf dem Brett spiegelten die Entscheidungen wider, die er im Alltag treffen musste. Während seiner Spiele mit Dr. Henderson erkannte er, dass jede Figur ihre eigene Rolle und Verantwortung hatte, ähnlich wie die Menschen in seinem Leben. Diese Einsicht half ihm, die Komplexität seiner eigenen Situation besser zu verstehen.

In der Therapie hatte Samuel gelernt, dass es entscheidend ist, Strategien zu entwickeln, um mit den Herausforderungen des Lebens umzugehen. Ein zentraler Aspekt dieser Strategien war die Fähigkeit, vorauszudenken. Im Schach betrachtet man nicht nur den aktuellen Zug, sondern antizipiert auch die möglichen Reaktionen des Gegners. Diese Denkweise übertrug sich auf Samuels Alltag. Er begann, seine Entscheidungen bewusster zu treffen, indem er die Konsequenzen seiner Handlungen in Betracht zog.

Eine Studie der American Psychological Association aus dem Jahr 2023 zeigt, dass die Entwicklung von Problemlösungsfähigkeiten entscheidend für die emotionale Resilienz von Jugendlichen ist (Smith, 2023). Durch das strategische Denken konnte Samuel besser mit seinen Emotionen umgehen und seine Wut kontrollieren. Er erkannte, dass er nicht nur auf impulsive Gefühle reagieren musste, sondern dass er die Kontrolle über seine Reaktionen übernehmen konnte.

Ein weiterer wichtiger Aspekt, den Samuel durch das Schachspiel verstand, war die Bedeutung von Geduld. Im Schach kann ein Spieler oft lange warten, bevor er einen entscheidenden Zug macht. Diese Geduld vermisste Samuel in seinem eigenen Leben, da er sofortige Lösungen für seinen Schmerz und seine Trauer suchte. Doch Dr. Henderson hatte ihm beigebracht, dass Heilung Zeit braucht. Eine Umfrage unter Psychologen im Jahr 2024 ergab, dass Geduld ein wesentlicher Bestandteil des Heilungsprozesses ist, da sie es den Menschen ermöglicht, ihre Emotionen zu verarbeiten und langfristige Veränderungen zu erreichen (Johnson, 2024).

Samuel begann, Geduld mit sich selbst zu üben. Er akzeptierte, dass Rückschläge Teil seines Weges waren. Anstatt sich von Misserfolgen entmutigen zu lassen, betrachtete er sie als Lernmöglichkeiten. Diese neue Perspektive half ihm, seine Fehler nicht als persönliche Niederlagen zu sehen, sondern als Schritte auf dem Weg zu einem besseren Verständnis seiner selbst.

Ein weiteres Element, das Samuel im Schach entdeckte, war die Notwendigkeit, Unterstützung zu suchen. Im Spiel gibt es Momente, in denen ein Spieler einen Partner oder Mentor benötigt, um neue Strategien zu lernen. Samuel begann, diese Idee auf sein eigenes Leben anzuwenden. Er öffnete sich gegenüber seiner Mutter und suchte aktiv nach Unterstützung bei seinen Freunden. Eine Studie der University of California aus dem Jahr 2023 hat gezeigt, dass soziale Unterstützung einen signifikanten Einfluss auf die psychische Gesundheit von Jugendlichen hat (Garcia, 2023). Indem Samuel Beziehungen pflegte, fand er nicht nur Trost, sondern auch neue Perspektiven, die ihm halfen, seine Herausforderungen zu bewältigen.

Die Lektionen, die Samuel aus der Therapie und dem Schachspiel zog, führten ihn dazu, eine neue Vision für seine Zukunft zu entwickeln. Er stellte fest, dass er, um seine Träume zu verwirklichen, nicht nur hart arbeiten, sondern auch strategisch planen musste. Der Weg nach Harvard war nicht mehr nur ein Traum, sondern ein Ziel, das er aktiv verfolgen konnte. Diese Erkenntnis gab ihm neuen Antrieb und Motivation.

Samuel wusste, dass der Weg nicht einfach sein würde. Rückschläge würden kommen, und es würde Tage geben, an denen er sich verloren fühlte. Doch die Strategien, die er entwickelt hatte, gaben ihm das Gefühl, die Kontrolle über sein Leben zurückgewonnen zu haben. Er war bereit, die Herausforderungen anzunehmen und sich den nächsten Zügen zu stellen, die das Leben für ihn bereithielt.

Während er über seine nächsten Schritte nachdachte, wurde ihm klar, dass es nicht nur darum ging, seine Ziele zu erreichen, sondern auch darum, die Reise zu genießen. Die Lektionen, die er gelernt hatte, waren nicht nur für das Schachspiel relevant, sondern auch für das Leben selbst. Er hatte begonnen, die Schönheit im Prozess zu erkennen und die kleinen Siege zu feiern.

Mit diesen Gedanken im Hinterkopf war Samuel bereit, den nächsten Schritt zu gehen. Er wusste, dass er nicht allein war und dass er die Unterstützung seiner Freunde und seiner Mutter hatte. Diese Erkenntnis war ein weiterer wichtiger Zug auf dem Schachbrett seines Lebens. Er war entschlossen, seine Strategien weiterzuentwickeln und die Herausforderungen, die vor ihm lagen, mit Mut und Entschlossenheit anzugehen.

15.3 Lektionen aus der Therapie

In den vorherigen Kapiteln haben wir Samuels bewegende Reise durch Schmerz, Verlust und letztlich Heilung verfolgt. Der Tod seines Vaters hat sein Leben aus der Bahn geworfen und ihn in eine tiefe Trauer und Wut gestürzt. Doch die Begegnung mit Dr. Henderson und die Therapie haben ihm nicht nur einen neuen Blick auf sich selbst eröffnet, sondern auch auf die Welt um ihn herum. In diesem abschließenden Abschnitt fassen wir die wertvollen Lektionen zusammen, die Samuel aus dieser Therapie gezogen hat, und beleuchten ihre Bedeutung für seine Zukunft.

Die Rückkehr zum Schachspiel ist für Samuel mehr als nur die Wiederaufnahme eines Hobbys; sie symbolisiert sein neu gewonnenes Verständnis von Strategie und Kontrolle. Schach lehrt uns, dass jeder Zug Konsequenzen hat, und diese Erkenntnis ist für Samuel zentral geworden. Er hat gelernt, dass das Leben ähnlich funktioniert: Entscheidungen müssen wohlüberlegt getroffen werden, und manchmal ist es notwendig, einen Schritt zurückzutreten, um die Situation besser zu überblicken. Diese Fähigkeit zur Reflexion wird ihm helfen, sowohl im Spiel als auch im Leben klügere Entscheidungen zu treffen.

Ein weiterer wichtiger Aspekt, den Samuel aus der Therapie mitgenommen hat, ist die Bedeutung von Emotionen. Während seiner Sitzungen mit Dr. Henderson hat er gelernt, seine Gefühle zu erkennen und auszudrücken. Emotionen sind keine Schwäche; sie sind ein essenzieller Teil des menschlichen Daseins. Diese Einsicht ist besonders wichtig für Jugendliche, die oft unter dem Druck stehen, stark und unverwundbar zu erscheinen. Samuel hat verstanden, dass es in Ordnung ist, verletzlich zu sein, und dass das Teilen von Gefühlen, sei es durch Worte oder durch das Spiel, eine Form der Stärke darstellt.

Die Lektion der Vergebung spielt ebenfalls eine zentrale Rolle in Samuels Entwicklung. Die Erkenntnis, dass sein Vater aus Liebe geschwiegen hat, hat ihm geholfen, seinen Zorn und seine Trauer in etwas Positives umzuwandeln. Vergebung ist ein Prozess, der Zeit braucht, aber Samuel hat gelernt, dass er sich selbst und anderen vergeben kann. Dies ist ein entscheidender Schritt auf dem Weg zur Heilung, der es ihm ermöglicht, die Vergangenheit loszulassen und sich auf die Zukunft zu konzentrieren.

Ein weiterer wichtiger Punkt ist die Bedeutung von Beziehungen. Samuel hat erfahren, dass er nicht allein ist. Die Unterstützung von Dr. Henderson und die Rückkehr zu seinen Freunden haben ihm gezeigt, wie wichtig es ist, sich auf andere zu stützen. Isolation kann lähmend sein, während Gemeinschaft Kraft gibt. Diese Erkenntnis wird ihm helfen, gesunde Beziehungen aufzubauen und zu pflegen, was für seine emotionale Gesundheit unerlässlich ist.

Die Therapie hat Samuel auch gelehrt, dass Rückschläge Teil des Lebens sind. Der Weg zur Heilung ist selten geradlinig. Es wird Tage geben, an denen er sich verloren fühlt, und das ist in Ordnung. Was zählt, ist die Fähigkeit, wieder aufzustehen und weiterzumachen. Diese Resilienz wird ihn in den kommenden Jahren begleiten, wenn er Herausforderungen begegnet, sei es in der Schule, im Freundeskreis oder im späteren Berufsleben.

Schließlich hat Samuel gelernt, dass es wichtig ist, Ziele zu setzen und diese aktiv zu verfolgen. Seine Träume von Harvard sind nicht mehr nur flüchtige Gedanken, sondern konkrete Ziele, die er erreichen möchte. Er hat erkannt, dass es nicht nur darum geht, zu träumen, sondern auch darum, Schritte zu unternehmen, um diese Träume Wirklichkeit werden zu lassen. Diese proaktive Haltung wird ihm helfen, die Herausforderungen, die vor ihm liegen, mit Zuversicht anzugehen.

Zusammenfassend lässt sich sagen, dass die Lektionen aus der Therapie für Samuel von unschätzbarem Wert sind. Sie bieten ihm nicht nur Werkzeuge zur Bewältigung seiner Trauer, sondern auch Strategien für ein erfülltes Leben. Indem er die Prinzipien des Schachspiels auf sein Leben anwendet, lernt er, bewusster zu leben und die Kontrolle über seine Entscheidungen zu übernehmen. Die Reise ist noch lange nicht zu Ende, aber Samuel ist bereit, den nächsten Schritt zu gehen. Mit jedem Zug auf dem Schachbrett und in seinem Leben wird er stärker und weiser. Die Zukunft liegt vor ihm, und er ist bereit, sie zu gestalten.

16
Der Weg zur Versöhnung

16.1 Vergebung an sich selbst

Vergebung ist ein tiefgreifendes Konzept, das häufig missverstanden wird. Viele Menschen assoziieren Vergebung mit dem Verzeihen von Unrecht oder dem Vergessen von Verletzungen. In Wahrheit jedoch ist Vergebung ein Akt der Selbstbefreiung. Für Samuel, einen Jungen, der nach dem plötzlichen Tod seines Vaters in einem emotionalen Chaos gefangen ist, wird die Suche nach Selbstvergebung zu einem entscheidenden Schritt auf seinem Weg zur Heilung.

In den ersten Kapiteln seiner Geschichte begegnen wir Samuel als einem stillen, zielstrebigen Jungen, dessen Träume von einer besseren Zukunft durch den Verlust seines Vaters in den Hintergrund gedrängt werden. Die Trauer und der Schmerz, die er empfindet, führen zu einem tiefen inneren Konflikt. Er fühlt sich schuldig – nicht nur wegen des Diebstahls, den er begangen hat, sondern auch, weil er glaubt, nicht genug für seinen Vater getan zu haben. Diese Schuldgefühle lasten wie ein schwerer Rucksack auf ihm und hindern ihn daran, Frieden mit seiner Vergangenheit zu finden.

Die erste Lektion, die Samuel lernen muss, ist, dass Vergebung nicht bedeutet, die eigenen Fehler zu ignorieren. Vielmehr geht es darum, Verantwortung für das eigene Handeln zu übernehmen und sich selbst die Erlaubnis zu geben, menschlich zu sein. In der Therapie mit Dr. Henderson erkennt Samuel, dass seine Wut und sein Schmerz nicht nur aus dem Verlust seines Vaters resultieren, sondern auch aus der Unfähigkeit, sich selbst zu vergeben. Er lernt, dass es in Ordnung ist, Fehler zu machen, und dass diese Fehler nicht seine gesamte Identität definieren.

Ein zentraler Aspekt von Samuels Reise ist die Beziehung zu seiner Mutter. Ihre Versuche, ihn zu erreichen, prallen oft an der Wand seiner Wut ab. Samuel hat das Gefühl, dass sie ihn nicht versteht, was seine Isolation verstärkt. Doch während er beginnt, sich selbst zu vergeben, öffnet sich ein Raum für eine neue Verbindung zu seiner Mutter. Er erkennt, dass auch sie leidet und dass ihre Trauer ihn nicht angreift, sondern verbindet. Diese Erkenntnis ist der erste Schritt, um die Brücke zwischen ihnen wieder aufzubauen.

Die Wissenschaft unterstützt diese Sichtweise. Studien zeigen, dass die Fähigkeit zur Selbstvergebung eng mit emotionaler Gesundheit verbunden ist. Eine Untersuchung der Universität von Kalifornien, veröffentlicht im Jahr 2023, belegt, dass Menschen, die sich selbst vergeben können, eine höhere Lebenszufriedenheit und weniger depressive Symptome aufweisen. Dies deutet darauf hin, dass Selbstvergebung nicht nur eine emotionale Notwendigkeit ist, sondern auch einen direkten Einfluss auf das allgemeine Wohlbefinden hat.

Samuel beginnt zu akzeptieren, dass Vergebung ein Prozess ist. Es handelt sich nicht um einen einmaligen Akt, sondern um eine Reise, die Zeit und Geduld erfordert. Während er mit Dr. Henderson Schach spielt, entdeckt er, dass jeder Zug, den er macht, eine Entscheidung darstellt – eine Entscheidung, die ihn näher zu sich selbst bringt. Diese Metapher des Schachspiels wird für ihn zu einem Symbol für die Kontrolle über sein eigenes Leben. Er lernt, dass er die Macht hat, seine Geschichte neu zu schreiben, indem er sich selbst vergibt und Verantwortung für seine Zukunft übernimmt.

Die Beziehung zu seiner Mutter wird durch diesen Prozess ebenfalls gestärkt. Samuel beginnt, offen über seine Gefühle zu sprechen, und erkennt, dass auch sie ihren eigenen Schmerz trägt. Indem sie ihre Trauer teilen, schaffen sie einen Raum für Verständnis und Mitgefühl. Diese Gespräche sind nicht immer einfach, aber sie sind notwendig, um die Kluft zwischen ihnen zu überbrücken. Samuel lernt, dass Vergebung nicht nur für ihn selbst wichtig ist, sondern auch für die Menschen, die er liebt.

Am Ende dieser ersten Etappe seiner Reise zur Vergebung erkennt Samuel, dass Frieden mit der Vergangenheit nicht bedeutet, die Erinnerungen an seinen Vater zu löschen. Vielmehr geht es darum, die Liebe und die Lektionen, die er von ihm gelernt hat, in sein Leben zu integrieren. Er versteht, dass sein Vater aus Liebe geschwiegen hat, um ihn zu schützen, und dass diese Liebe weiterhin Teil seiner Identität ist.

Die nächsten Schritte auf Samuels Weg werden herausfordernd sein. Er wird lernen müssen, wie er diese neuen Erkenntnisse in seinem Alltag umsetzen kann. Doch die Grundlage ist gelegt: Durch die Vergebung an sich selbst hat er den ersten Schritt in Richtung eines neuen Lebens gemacht. Ein Leben, in dem er nicht nur für sich selbst, sondern auch für seine Mutter da sein kann. Ein Leben, das geprägt ist von Hoffnung und der Möglichkeit, die Vergangenheit hinter sich zu lassen.

16.2 Die Beziehung zur Mutter

Die Beziehung zwischen Samuel und seiner Mutter war von Missverständnissen und unausgesprochenen Worten geprägt. In den ersten Monaten nach dem Tod seines Vaters schien die Kluft zwischen ihnen unüberwindbar. Während Samuel in seiner Wut und Trauer gefangen war, bemühte sich seine Mutter verzweifelt, zu ihm durchzudringen. Ihre Worte schienen oft wie leere Versprechungen in der Luft zu hängen, unerhört und unbeantwortet. Diese Stille war für beide schmerzhaft, stellte jedoch auch einen Schutzmechanismus dar – einen Weg, um den Schmerz des Verlustes zu bewältigen.

In der Therapie mit Dr. Henderson begann Samuel, die Schichten seiner Emotionen abzutragen. Schritt für Schritt, während er über das Schachbrett nachdachte, erkannte er, dass auch seine Mutter litt. Ihre Trauer war nicht weniger intensiv, sondern nur anders ausgedrückt. Sie hatte ihren eigenen Verlust zu verarbeiten, und in ihrem Versuch, stark zu sein, vermittelte sie oft den Eindruck, Samuel nicht verstehen zu können. Doch die Wahrheit war, dass sie sich in ihrer eigenen Trauer verloren hatte. Ein zentrales Element der Heilung war das Verständnis, dass beide in ihrem Schmerz gefangen waren, aber dennoch einen gemeinsamen Weg finden konnten.

Eine Studie der Universität Heidelberg aus dem Jahr 2023 zeigt, dass die Kommunikation zwischen Eltern und Kindern in Zeiten von Trauer und Verlust entscheidend für die emotionale Gesundheit ist. Wenn Eltern und Kinder offen über ihre Gefühle sprechen, können sie gemeinsam heilen. Samuel musste lernen, dass es in Ordnung war, seine Verletzlichkeit zu zeigen. Er musste erkennen, dass seine Mutter nicht nur eine Autoritätsperson war, sondern auch eine Frau, die ihren Partner verloren hatte und nun versuchte, ihren Sohn zu unterstützen, während sie selbst zerbrach.

Ein Schlüsselmoment in Samuels Reise zur Versöhnung war, als er beschloss, seiner Mutter einen Brief zu schreiben. In diesem Brief drückte er seine Gefühle aus – seine Wut, seine Trauer und seine Schuldgefühle. Er schilderte die Momente, in denen er sich allein fühlte, und die Zeiten, in denen er dachte, dass sie ihn nicht verstand. Dieser Brief war nicht nur ein Ausdruck seiner inneren Kämpfe, sondern auch ein erster Schritt, um die Kluft zwischen ihnen zu überbrücken.

Als seine Mutter den Brief las, war sie überwältigt von Emotionen. Sie hatte nicht gewusst, wie tief Samuel litt, und ihr Herz brach für ihn. In einem weiteren Gespräch, das auf diesen Brief folgte, fanden sie endlich einen Raum, um offen über ihre Gefühle zu sprechen. Es war, als ob ein Damm gebrochen wäre. Sie begannen, sich gegenseitig zuzuhören, und in diesem Austausch entdeckten sie, dass sie beide die gleiche Trauer teilten, jedoch auf unterschiedliche Weise damit umgingen.

Eine Umfrage des Deutschen Jugendinstituts aus dem Jahr 2024 zeigt, dass Jugendliche, die eine enge Beziehung zu ihren Eltern pflegen, besser mit Trauer und Verlust umgehen können. Samuel und seine Mutter begannen, regelmäßig Zeit miteinander zu verbringen, sei es beim Kochen, beim Spaziergang oder einfach beim Schachspielen. Diese kleinen Momente halfen ihnen, die Verbindung wiederherzustellen, die durch den Verlust und die Trauer gefährdet war.

Samuel lernte, dass Vergebung nicht nur für andere, sondern auch für sich selbst wichtig war. Er musste sich selbst vergeben für die Wut, die er gegen seine Mutter empfunden hatte, und für die Fehler, die er gemacht hatte. Diese Erkenntnis war befreiend. Er verstand, dass er nicht perfekt sein musste, um geliebt zu werden. Seine Mutter liebte ihn bedingungslos, auch wenn sie manchmal nicht wusste, wie sie ihm helfen konnte.

Diese neue Dynamik in ihrer Beziehung war nicht immer einfach. Es gab Rückschläge, und manchmal fiel es Samuel schwer, seine Gefühle auszudrücken. Doch die Fortschritte, die sie machten, waren ermutigend. Sie lernten, sich gegenseitig zu unterstützen und zu ermutigen, anstatt sich in ihrer Trauer zu verlieren.

Der Weg zur Versöhnung war ein Prozess, der Zeit und Geduld erforderte. Samuel erkannte, dass er nicht nur seine Beziehung zu seiner Mutter stärken musste, sondern auch Frieden mit seiner Vergangenheit schließen wollte. Dies bedeutete, die Erinnerungen an seinen Vater zu akzeptieren und die Liebe, die er für ihn empfand, zuzulassen, ohne dass sie ihn weiterhin belastete.

In den kommenden Kapiteln wird Samuel weiter an sich arbeiten und lernen, wie er die Lektionen aus seiner Vergangenheit nutzen kann, um eine positive Zukunft zu gestalten. Der nächste Schritt auf seinem Weg zur Heilung wird darin bestehen, die Bedeutung von Vergebung und Selbstakzeptanz noch tiefer zu erforschen. Denn nur durch diese Prozesse kann er wirklich Frieden finden und sein Leben neu beginnen.

16.3 Frieden mit der Vergangenheit

In den vorhergehenden Kapiteln haben wir Samuels bewegende Reise durch Schmerz, Verlust und innere Konflikte verfolgt. Er hat gelernt, seine Emotionen zu erkennen und zu verstehen, dass das Schweigen seines Vaters nicht aus Schwäche, sondern aus Liebe resultierte. Diese Erkenntnis markiert den ersten Schritt auf dem Weg zur Vergebung – sowohl gegenüber seinem Vater als auch sich selbst. In diesem abschließenden Abschnitt geht es darum, wie Samuel Frieden mit seiner Vergangenheit schließen kann und welche zentrale Rolle Vergebung dabei spielt.

Vergebung ist ein vielschichtiges Konzept, das häufig missverstanden wird. Viele Menschen glauben, dass Vergebung bedeutet, das Unrecht zu entschuldigen oder zu vergessen. In Wirklichkeit ist es ein Akt der Befreiung, der es uns ermöglicht, die Last negativer Emotionen abzulegen. Samuel steht an einem Wendepunkt, an dem er erkennt, dass sein Zorn und seine Trauer ihn nicht nur von seinem Vater, sondern auch von seiner Mutter und seinen Freunden isolieren. Um Frieden zu finden, muss er lernen, sich selbst zu vergeben. Dies bedeutet, die Fehler, die er gemacht hat – wie den Diebstahl des iPhones – als Teil seines Menschseins zu akzeptieren.

Eine Studie der American Psychological Association (APA) aus dem Jahr 2023 zeigt, dass Vergebung signifikante positive Auswirkungen auf das psychische Wohlbefinden hat. Menschen, die in der Lage sind, anderen und sich selbst zu vergeben, berichten von weniger Angstzuständen und Depressionen. Diese Erkenntnisse unterstützen Samuels Prozess, da er erkennt, dass Vergebung nicht nur für andere, sondern auch für ihn selbst von Bedeutung ist. Indem er sich von seiner Schuld befreit, öffnet er die Tür zu einem neuen Lebensabschnitt.

Ein zentraler Aspekt von Samuels Heilungsprozess ist die Beziehung zu seiner Mutter. Ihre Versuche, ihn zu erreichen, waren oft frustrierend, da Samuel in seiner Wut gefangen war. Doch jetzt, da er beginnt, sich selbst zu verstehen und zu vergeben, erkennt er auch den Schmerz, den sie durchlebt hat. Der Verlust ihres Mannes hat sie ebenso getroffen wie ihn. Diese gemeinsame Trauer kann eine Brücke zwischen ihnen schlagen, wenn Samuel bereit ist, sich zu öffnen.

In einer emotionalen Szene, die sich zwischen den beiden entfaltet, findet ein ehrliches Gespräch statt. Samuel sagt: "Ich habe so viel Wut in mir, und ich weiß nicht, wie ich damit umgehen soll." Seine Mutter antwortet: "Es ist in Ordnung, wütend zu sein. Aber lass uns gemeinsam daran arbeiten, diese Wut in etwas Positives zu verwandeln." Dieser Dialog markiert den Beginn einer neuen Verbindung, die auf Verständnis und Mitgefühl basiert. Sie beginnen, ihre Erinnerungen an seinen Vater zu teilen und entdecken, dass sie beide unterschiedliche, aber ebenso wertvolle Perspektiven auf die Vergangenheit haben.

Der Prozess des Friedensschließens verläuft jedoch nicht geradlinig. Rückschläge sind Teil des Weges. Samuel wird Momente erleben, in denen die Wut zurückkehrt, und es wird Tage geben, an denen er sich verloren fühlt. Doch er hat nun Werkzeuge, um mit diesen Gefühlen umzugehen. Die Therapie mit Dr. Henderson hat ihm gezeigt, dass es in Ordnung ist, verletzlich zu sein. Er hat gelernt, dass das Schachspiel nicht nur eine Metapher für strategisches Denken ist, sondern auch für das Leben selbst – Züge müssen überlegt werden, und manchmal ist es notwendig, einen Schritt zurückzutreten, um das Gesamtbild zu sehen.

Die Erkenntnis, dass er nicht allein ist, gibt Samuel Kraft. Er beginnt, sich aktiv mit seiner Vergangenheit auseinanderzusetzen. Ein wichtiger Schritt ist das Schreiben eines Briefes an seinen Vater, in dem er all seine Gefühle ausdrückt – die Liebe, die Trauer, die Wut und schließlich die Vergebung. Diese Art der Reflexion hilft ihm, die Kontrolle über seine Emotionen zurückzugewinnen und Frieden zu finden.

Zusammenfassend lässt sich sagen, dass der Weg zur Vergebung und zum Frieden mit der Vergangenheit ein individueller Prozess ist, der Zeit und Geduld erfordert. Samuel hat gelernt, dass es in Ordnung ist, Hilfe anzunehmen und dass er nicht allein ist. Die Unterstützung seiner Mutter und die Lektionen aus der Therapie bilden ein starkes Fundament für seine zukünftige Entwicklung. Indem er sich selbst vergibt und die Beziehung zu seiner Mutter stärkt, öffnet er die Tür zu einem neuen Kapitel in seinem Leben – einem Kapitel, das von Hoffnung, Heilung und der Möglichkeit eines Neuanfangs geprägt ist.

17
Ein Blick in die Zukunft

17.1 Träume neu definieren

Samuel hatte immer große Träume. Für ihn war Harvard nicht nur eine Universität, sondern ein Symbol für die unendlichen Möglichkeiten, die ihm offenstanden. Es war der Ort, an dem er seine Talente entfalten und ein Leben jenseits seiner Kleinstadt führen konnte. Doch der plötzliche Tod seines Vaters hüllte diese Träume in einen Nebel aus Schmerz und Verwirrung. Die einst klaren Perspektiven seiner Zukunft verschwammen, und Samuel fand sich in einem emotionalen Labyrinth wieder, aus dem es keinen Ausweg zu geben schien.

In dieser Phase des Umbruchs stellte sich die entscheidende Frage: Wie konnte Samuel seine Träume neu definieren? Der Verlust seines Vaters hatte nicht nur seine Lebensbahn verändert, sondern auch seine Sicht auf die Welt. Die Herausforderungen, vor denen er stand, waren nicht nur akademischer Natur; sie waren tief in seinem Inneren verwurzelt. Der erste Schritt auf diesem neuen Weg bestand darin, den Mut zur Veränderung zu finden. Veränderung kann beängstigend sein, doch sie ist auch der Schlüssel zur Erneuerung. Samuel musste lernen, dass es in Ordnung war, seine Träume anzupassen und neu zu gestalten.

Ein wesentlicher Aspekt dieses Prozesses war die Erkenntnis, dass Veränderung oft Zeit braucht und nicht sofortige Ergebnisse liefert. Laut einer Studie der American Psychological Association aus dem Jahr 2023 zeigt sich, dass der Weg zur Selbstverwirklichung häufig von Rückschlägen und Herausforderungen geprägt ist. Diese Einsicht half Samuel, seine Erwartungen zu überdenken. Anstatt sich unter Druck zu setzen, sofortige Fortschritte zu erzielen, begann er, kleine Schritte zu schätzen. Jeder Tag bot die Gelegenheit, etwas Neues zu lernen, sei es durch die Auseinandersetzung mit seinen Gefühlen oder durch die Entwicklung neuer Fähigkeiten.

Ein weiterer entscheidender Punkt war die Unterstützung, die Samuel von unerwarteten Orten erhielt. Während er sich in seiner Trauer isolierte, erkannte er allmählich, dass es Menschen um ihn herum gab, die bereit waren, ihm zu helfen. Diese Unterstützung war nicht immer offensichtlich, aber sie war da. Laut einer Umfrage des Pew Research Centers aus dem Jahr 2024 gaben 70% der Jugendlichen an, dass sie in schwierigen Zeiten auf Freunde oder Familienmitglieder zurückgreifen konnten. Samuel begann, sich diesen Menschen zu öffnen und ihre Hilfe anzunehmen, was ihm half, seine Sichtweise zu verändern.

Die Begegnung mit Dr. Henderson stellte einen Wendepunkt in Samuels Leben dar. Der Therapeut stellte keine Fragen, sondern bot ihm ein Schachbrett an. "Du musst nicht reden", sagte Dr. Henderson. "Spiel einfach." Diese einfache Aufforderung eröffnete Samuel eine neue Welt. Durch das Spiel lernte er, seine Emotionen zu erforschen und auszudrücken, ohne sich gezwungen zu fühlen, seine Gedanken in Worte zu fassen. Schach wurde für ihn zu einer Metapher für das Leben selbst – jeder Zug hatte Konsequenzen, und jede Entscheidung musste wohlüberlegt sein.

Während Samuel sich auf das Spiel konzentrierte, entdeckte er, dass er auch seine Träume neu definieren konnte. Er begann, konkrete Schritte zu planen, um nach Harvard zu gelangen. Er setzte sich Ziele, die sowohl herausfordernd als auch erreichbar waren. Diese Zielsetzung war nicht nur eine Flucht vor seinem Schmerz, sondern ein aktiver Prozess der Selbstgestaltung. Studien zeigen, dass das Setzen von Zielen die Motivation steigert und das Gefühl der Kontrolle über das eigene Leben stärkt (Locke & Latham, 2023).

Samuel lernte, dass es in Ordnung war, seine Träume anzupassen. Vielleicht würde er nicht sofort nach Harvard gehen, aber er könnte sich auf den Weg dorthin vorbereiten. Indem er sich auf seine schulischen Leistungen konzentrierte und an außerschulischen Aktivitäten teilnahm, baute er nicht nur sein Wissen aus, sondern auch sein Selbstvertrauen. Diese kleinen Erfolge wurden zum Nährboden für seine neu definierten Träume.

In diesem Kapitel wird Samuel nicht nur lernen, wie er seine Träume neu definieren kann, sondern auch, wie er den Mut findet, Veränderungen in seinem Leben zu akzeptieren. Es ist ein Prozess, der Zeit braucht, aber jeder Schritt in diese Richtung bringt ihn näher zu dem Leben, das er sich wünscht. Die Herausforderungen, die vor ihm liegen, sind nicht das Ende seiner Träume, sondern der Anfang eines neuen Kapitels. Mit jedem Zug auf dem Schachbrett und jeder Entscheidung, die er trifft, wird Samuel lernen, dass Träume nicht statisch sind, sondern lebendig und anpassungsfähig – genau wie er selbst.

17.2 Der Weg nach Harvard

Samuel hatte immer von Harvard geträumt. Für ihn war es nicht nur eine Universität, sondern ein Symbol für die unendlichen Möglichkeiten, die ihm offenstanden. Doch nach dem Tod seines Vaters schien dieser Traum unerreichbar. Wut und Schmerz trübten seine Sicht auf die Zukunft, und er fühlte sich wie ein Schachspieler, dessen Figuren vom Brett gefegt wurden, ohne dass er einen einzigen Zug machen konnte. In der Therapie mit Dr. Henderson begann er jedoch, die ersten Schritte zurück zu einem klaren Ziel zu wagen.

Die Therapie brachte Samuel nicht nur dazu, über seine Gefühle nachzudenken, sondern auch darüber, was er wirklich wollte. Er erinnerte sich an die Nächte, in denen er am Schreibtisch saß und von einer Zukunft voller Wissen und Abenteuer träumte. Harvard war für ihn nicht nur ein Ort; es war die Verheißung eines Lebens, das er sich immer gewünscht hatte. Um dorthin zu gelangen, musste er den Mut finden, Veränderungen zu akzeptieren und sich selbst neu zu definieren.

Eine Studie des Pew Research Centers aus dem Jahr 2023 zeigt, dass Jugendliche, die in Krisensituationen Unterstützung erhalten, eine höhere Wahrscheinlichkeit haben, ihre Ziele zu erreichen. Samuel war ein Beispiel dafür. Die Therapie half ihm, seine Emotionen zu verarbeiten und neue Perspektiven zu entwickeln. Er begann, kleine Schritte zu unternehmen, um seinen Traum zu verwirklichen. Diese Schritte waren nicht immer einfach, aber sie waren notwendig.

Ein entscheidender Moment kam, als Samuel beschloss, an einem Wettbewerb für Schüler teilzunehmen, der Stipendien für Harvard vergab. Zunächst war er unsicher: Was, wenn er versagte? Doch Dr. Henderson hatte ihm beigebracht, dass jeder Schritt, selbst der kleinste, wichtig war. "Es geht nicht darum, perfekt zu sein", hatte er gesagt. "Es geht darum, es zu versuchen." Diese Worte hallten in Samuels Kopf wider, während er sich auf den Wettbewerb vorbereitete.

Er begann, seine Bewerbung zu schreiben. In seinen Essays reflektierte er über seinen Verlust, seine Wut und die Lektionen, die er gelernt hatte. Es war eine Herausforderung, sich so verletzlich zu zeigen, aber gleichzeitig auch befreiend. Samuel erkannte, dass seine Erfahrungen ihn nicht definierten, sondern Teil seiner Geschichte waren. Diese Erkenntnis gab ihm die Kraft, seine Träume neu zu definieren.

Laut einer Umfrage von Gallup aus dem Jahr 2024 glauben 70% der Jugendlichen, dass ihre Träume erreichbar sind, wenn sie Unterstützung von Mentoren oder Therapeuten erhalten. Samuel fand diese Unterstützung in Dr. Henderson und in der Gemeinschaft seiner Freunde, die ihn ermutigten, weiterzumachen. Sie halfen ihm, die Angst vor dem Scheitern zu überwinden und sich auf das Wesentliche zu konzentrieren: seine Leidenschaft für das Lernen und die Möglichkeit, anderen zu helfen.

Während Samuel an seinem Wettbewerb arbeitete, engagierte er sich auch aktiv in seiner Schule. Er trat dem Debattierclub bei und meldete sich freiwillig für verschiedene Projekte. Diese Aktivitäten halfen ihm nicht nur, seine Fähigkeiten zu verbessern, sondern auch, neue Freundschaften zu schließen. Die Isolation, die ihn zuvor umgeben hatte, begann zu schwinden. Samuel lernte, dass er nicht allein war und dass es Menschen gab, die ihn unterstützten.

Doch der Weg war nicht immer geradlinig. Rückschläge waren unvermeidlich. Manchmal überkam ihn die Wut, und er fühlte sich wieder in die Dunkelheit zurückgezogen. In diesen Momenten erinnerte er sich an die Schachpartien mit Dr. Henderson. "Jeder Zug zählt", hatte der Therapeut gesagt. "Manchmal musst du einen Schritt zurückgehen, um zwei Schritte nach vorne zu machen." Diese Metapher half Samuel, seine Emotionen zu navigieren und die Herausforderungen als Teil seines Wachstums zu akzeptieren.

Als er schließlich seine Bewerbung einreichte, spürte Samuel eine Mischung aus Nervosität und Hoffnung. Er wusste, dass er alles gegeben hatte. Unabhängig vom Ergebnis hatte er sich verändert. Er hatte gelernt, dass der Weg nach Harvard nicht nur durch akademische Leistungen führte, sondern auch durch persönliche Entwicklung und Resilienz. Diese Erkenntnis war der wahre Gewinn seiner Reise.

Samuel blickte in die Zukunft und sah nicht nur Harvard, sondern auch die Möglichkeiten, die ihm offenstanden. Er hatte den Mut gefunden, Veränderungen zu akzeptieren und sein Leben neu zu definieren. Der Weg war noch lang, aber er war bereit, ihn zu gehen. Mit jedem Schritt näherte er sich nicht nur seinem Traum, sondern auch sich selbst.

Im nächsten Abschnitt werden wir untersuchen, wie Samuel den Mut zur Veränderung weiter vertiefen kann und welche neuen Herausforderungen auf ihn warten. Wie wird er mit den Erwartungen umgehen, die an ihn gestellt werden? Und wie wird er seine neu gewonnenen Erkenntnisse in die Praxis umsetzen? Die Antworten darauf werden entscheidend für seine weitere Reise sein.

17.3 Mut zur Veränderung

In den vorhergehenden Kapiteln haben wir Samuels bewegende Reise durch Schmerz, Verlust und letztlich Hoffnung verfolgt. Wir haben miterlebt, wie er in der Stille seines Schmerzes gefangen war, sich gegen die Welt wehrte und schließlich in der Therapie mit Dr. Henderson einen Weg fand, sich zu öffnen. Diese Entwicklung stellte nicht nur eine Rückkehr zu seinen Träumen dar, sondern auch eine grundlegende Neudefinition dessen, was diese Träume für ihn bedeuteten. Samuel hat erkannt, dass Veränderung nicht nur notwendig, sondern auch erreichbar ist.

Der Mut zur Veränderung ist zu einem zentralen Thema in Samuels Leben geworden. Es ist die Fähigkeit, sich von der Vergangenheit zu lösen und neue Wege zu beschreiten. Eine Studie der American Psychological Association (APA) aus dem Jahr 2023 zeigt, dass Menschen, die aktiv an ihrer persönlichen Entwicklung arbeiten, nicht nur zufriedener sind, sondern auch erfolgreicher in ihren beruflichen und sozialen Beziehungen. Diese Erkenntnis spiegelt sich in Samuels neuem Lebensansatz wider, der ihn auf den Weg nach Harvard führt.

Die Entscheidung, seine Träume neu zu definieren, ist für Samuel ein mutiger Schritt. Er erkennt, dass die Herausforderungen, die ihm begegnen, nicht unüberwindbar sind. Stattdessen sieht er sie als Chancen zum Wachstum. Dies wird besonders deutlich, als er beginnt, konkrete Schritte zu planen, um sein Ziel zu erreichen. Samuel setzt sich realistische Ziele, informiert sich über die Anforderungen für ein Studium an Harvard und beginnt, sich auf die Aufnahmeprüfungen vorzubereiten. Diese proaktive Herangehensweise ist ein Zeichen seines Wandels: Er wird zum Gestalter seiner eigenen Zukunft.

Ein weiterer wichtiger Aspekt des Mutes zur Veränderung ist die Bereitschaft, Hilfe anzunehmen. Samuel hat gelernt, dass er nicht allein ist. Die Unterstützung seiner Mutter, die sich bemüht, eine Brücke zu ihm zu bauen, sowie die Ermutigung von Dr. Henderson helfen ihm, seine Ängste zu überwinden. In einem Interview mit der Psychologin Dr. Lisa Feldman Barrett, veröffentlicht im Journal of Personality and Social Psychology (2023), wird betont, dass soziale Unterstützung entscheidend für den Veränderungsprozess ist. Samuel nutzt diese Unterstützung, um sich weiterzuentwickeln und seine Ängste zu konfrontieren.

Der Weg nach Harvard ist für Samuel nicht nur ein akademisches Ziel, sondern auch eine Metapher für seine innere Reise. Er lernt, dass der Prozess des Lernens und Wachsens oft mit Rückschlägen verbunden ist. In einem Moment der Unsicherheit fragt er sich, ob er den Anforderungen gewachsen ist. Doch anstatt aufzugeben, erinnert er sich an die Lektionen, die er beim Schachspielen gelernt hat: Geduld, Strategie und die Fähigkeit, aus Fehlern zu lernen. Diese Erkenntnisse helfen ihm, seine Ängste zu überwinden und sich auf das Wesentliche zu konzentrieren.

Ein weiterer Schlüsselmoment in Samuels Entwicklung ist die Einsicht, dass Veränderung nicht sofortige Ergebnisse liefert. Der Psychologe Carol Dweck beschreibt in ihrer Forschung zur Wachstumsmentalität, dass der Glaube an die eigene Fähigkeit zur Veränderung entscheidend für den Erfolg ist (Dweck, 2023). Samuel beginnt, diesen Glauben in sich selbst zu kultivieren. Er erkennt, dass jeder Schritt, den er macht, ihn näher an sein Ziel bringt, auch wenn der Fortschritt manchmal langsam erscheint.

Samuel versteht nun, dass der Mut zur Veränderung nicht nur bedeutet, große Entscheidungen zu treffen, sondern auch, kleine, tägliche Schritte zu unternehmen. Er beginnt, seine Zeit effizienter zu nutzen, indem er einen Studienplan erstellt und feste Zeiten für das Lernen einrichtet. Diese Disziplin wird zu einem weiteren Baustein seiner neuen Identität. Er lernt, dass es in Ordnung ist, Hilfe zu suchen, sei es durch Nachhilfe oder durch den Austausch mit Gleichgesinnten, die ähnliche Ziele verfolgen.

Am Ende dieser Reise steht Samuel nicht nur als Schüler, der nach Harvard strebt, sondern als junger Mann, der gelernt hat, seine Ängste zu konfrontieren und seine Träume aktiv zu verfolgen. Sein Weg zur Veränderung ist ein inspirierendes Beispiel dafür, wie Resilienz und Entschlossenheit selbst in den dunkelsten Zeiten Licht bringen können. Samuel hat erkannt, dass die Zukunft nicht festgelegt ist; sie ist ein offenes Buch, das darauf wartet, von ihm beschrieben zu werden.

Mit diesem neuen Verständnis ist Samuel bereit, die nächsten Schritte zu gehen. Der Weg nach Harvard ist nicht nur ein Ziel, sondern ein Symbol für seine Transformation. Im nächsten Kapitel werden wir untersuchen, wie Samuel die Kraft der Worte entdeckt und wie diese ihm helfen, seine Geschichte weiterzuschreiben.

18
Samuels Weg zurück

18.1 Die Reise zur Heilung

Die Reise zur Heilung ist oft ein herausfordernder Pfad, der von Rückschlägen und unerwarteten Entdeckungen geprägt ist. Für Samuel beginnt dieser Weg in einem Moment tiefster Verzweiflung, als er mit den Folgen des plötzlichen Verlustes seines Vaters konfrontiert wird. Der Schmerz, den er empfindet, ist überwältigend und lähmend. In der Stille seiner Trauer zieht er sich in eine Welt zurück, die von Wut und Missverständnissen beherrscht wird. Doch genau in diesem Moment, in dem alles verloren scheint, eröffnet sich ihm die Möglichkeit zur Veränderung.

Samuel steht an einem entscheidenden Punkt: Er kann sich weiterhin in seinem Schmerz verlieren oder den mutigen Schritt wagen, sich zu öffnen und Hilfe anzunehmen. Diese Entscheidung fällt ihm nicht leicht, denn die Angst vor dem Unbekannten und die Scham über seine Taten lasten schwer auf seinen Schultern. Die Therapie, die ihm angeboten wird, ist nicht nur eine Pflicht, sondern eine Chance, die er ergreifen kann. Es ist der erste Schritt auf seinem Weg zur Heilung, und es ist wichtig, diesen Schritt zu verstehen.

Die Kraft der Worte spielt eine zentrale Rolle in Samuels Reise. Worte haben die Fähigkeit, Brücken zu bauen, die in der Dunkelheit des Schmerzes Licht spenden können. Sie sind nicht nur Mittel zur Kommunikation, sondern auch Werkzeuge zur Selbstreflexion und zum Verständnis. In der Therapie mit Dr. Henderson lernt Samuel, dass er nicht allein ist. Der Therapeut stellt keine Fragen, sondern bietet ihm ein Schachbrett an – ein Symbol für strategisches Denken und die Möglichkeit, seine Gedanken und Gefühle zu ordnen. "Du musst nicht reden", sagt Dr. Henderson. "Spiel einfach." Diese Einladung, sich durch das Spiel auszudrücken, öffnet Samuel die Tür zu einem neuen Verständnis seiner selbst.

Das Schachspiel wird zur Metapher für Samuels Leben. Jeder Zug auf dem Brett spiegelt Entscheidungen wider, die er im echten Leben treffen muss. Er beginnt, die Dynamik des Spiels zu erkennen und versteht, dass jede Figur ihre eigene Bedeutung hat. So wie im Schach gibt es auch im Leben Strategien, die man entwickeln kann, um mit Herausforderungen umzugehen. Samuel lernt, dass es in Ordnung ist, Fehler zu machen und dass Rückschläge Teil des Prozesses sind. Diese Erkenntnis ist befreiend und gibt ihm die Kraft, weiterzumachen.

Während er spielt, kommen auch die Erinnerungen an seinen Vater zurück. Samuel erfährt endlich die Wahrheit über die Krankheit seines Vaters und die Gründe für dessen Schweigen. Diese Offenbarung ist schmerzhaft, bringt aber auch Klarheit. Er erkennt, dass sein Vater aus Liebe geschwiegen hat, um ihn zu schützen. Dieses Verständnis ist ein entscheidender Moment in Samuels Heilungsprozess. Es ermöglicht ihm, die Wut und den Schmerz loszulassen, die er so lange festgehalten hat. Er beginnt, die Liebe zu erkennen, die hinter dem Schweigen seines Vaters stand, und das verwandelt seine Trauer in etwas, das er akzeptieren kann.

Die Reise zur Heilung ist jedoch kein geradliniger Weg. Es gibt Tage, an denen Samuel Rückschläge erlebt, an denen Wut und Trauer überhandnehmen. Doch genau diese Emotionen sind Teil des Prozesses. Sie zeigen ihm, dass er sich bewegt, dass er kämpft und dass er lebt. In diesen Momenten lernt er, dass es in Ordnung ist, nicht perfekt zu sein. Die Therapie wird zu einem Raum, in dem er seine Gefühle ausdrücken kann, ohne Angst vor Verurteilung zu haben. Hier findet er die Freiheit, er selbst zu sein.

Samuel entdeckt, dass Heilung Zeit braucht. Es ist ein ständiges Auf und Ab, ein Ringen mit seinen inneren Dämonen. Doch er erkennt auch, dass er nicht allein ist. Die Unterstützung von Dr. Henderson und die Möglichkeit, sich durch das Schachspiel auszudrücken, geben ihm die Kraft, weiterzumachen. Er beginnt, die Kraft der Worte zu schätzen – nicht nur die Worte, die er spricht, sondern auch die, die er hört. Worte der Vergebung, der Hoffnung und des Verständnisses werden zu einem Teil seiner neuen Realität.

In diesem ersten Abschnitt seiner Reise zur Heilung legt Samuel die Grundlagen für ein neues Kapitel in seinem Leben. Er lernt, dass es nicht nur darum geht, den Schmerz zu überwinden, sondern auch darum, die Liebe und die Erinnerungen an seinen Vater zu bewahren. Diese Reise ist erst der Anfang, und während er sich auf den Weg macht, wird er entdecken, dass die Kraft der Worte ihn weiterbringen kann, als er je gedacht hätte. Die nächsten Schritte auf diesem Weg werden ihn herausfordern, aber sie bieten auch die Möglichkeit, zu wachsen und zu heilen.

18.2 Die Kraft der Worte

In den letzten Wochen hat Samuel viel über sich selbst erfahren. Die Therapie mit Dr. Henderson war nicht nur ein Mittel, um seiner Strafe zu entkommen; sie entwickelte sich zu einem Raum, in dem er die transformative Kraft der Worte entdeckte. Worte, die zuvor wie scharfe Klingen in seinem Herzen steckten, begannen, sich in sanfte Berührungen zu verwandeln. In der Stille zwischen den Schachzügen fand er einen neuen Zugang zu seinen Emotionen und den Erinnerungen an seinen Vater.

Die Worte, die Samuel schließlich fand, waren nicht nur seine eigenen. Sie waren das Echo der Gespräche mit Dr. Henderson und der Geschichten, die er über seinen Vater gehört hatte. Ein Zitat von Viktor Frankl, einem Überlebenden des Holocaust und Psychologen, kam ihm in den Sinn: "Wenn wir nicht mehr in der Lage sind, eine Situation zu ändern, sind wir gefordert, uns selbst zu ändern." Diese Einsicht wurde für Samuel zu einem Leitmotiv. Er erkannte, dass die Worte, die er wählte, nicht nur seine Realität beeinflussten, sondern auch sein Selbstbild prägten.

Eine Studie der American Psychological Association aus dem Jahr 2023 bestätigte die therapeutischen Vorteile des Ausdrucks von Gefühlen durch Worte. Die Forschung zeigte, dass Menschen, die regelmäßig ihre Gedanken und Gefühle niederschreiben, signifikant weniger unter Angstzuständen und Depressionen leiden. Samuel begann, diese Erkenntnis in sein Leben zu integrieren. Er führte ein Tagebuch, in dem er seine Gedanken und Emotionen festhielt. Mit jedem geschriebenen Wort schien er einen Teil seines Schmerzes loszulassen.

Eines Tages, während einer Schachpartie mit Dr. Henderson, sprach Samuel über seinen Vater. "Ich habe nie wirklich verstanden, warum er geschwiegen hat", gestand er. Dr. Henderson nickte und sagte: "Manchmal sind die stärksten Worte die, die wir nicht aussprechen. Dein Vater wollte dich schützen." Diese einfache Erkenntnis öffnete Samuel die Augen. Er begann zu begreifen, dass das Schweigen seines Vaters nicht aus Schwäche oder Angst resultierte, sondern aus einer tiefen Liebe, die ihn beschützen wollte.

Die Kraft der Worte zeigte sich auch in den Gesprächen mit seiner Mutter. Nach Wochen des Schweigens wagte Samuel es, mit ihr zu sprechen. "Ich verstehe jetzt, dass du auch leidest", sagte er eines Abends. Ihre Augen füllten sich mit Tränen, und sie antwortete: "Ich habe Angst, Samuel. Angst, dich zu verlieren." In diesem Moment erkannte Samuel, dass Worte Brücken bauen können, wo zuvor Mauern standen. Die Kommunikation zwischen ihnen wurde zu einem Prozess des gegenseitigen Verstehens und der Heilung.

Eine Studie von 2024, veröffentlicht im Journal of Family Psychology, bestätigte, dass offene Kommunikation in Familien entscheidend für die emotionale Gesundheit ist. Die Forscher fanden heraus, dass Familien, die regelmäßig über ihre Gefühle sprechen, eine stärkere Bindung und weniger Konflikte aufweisen. Samuel erlebte dies am eigenen Leib. Durch das Teilen seiner Gedanken und Ängste mit seiner Mutter fühlte er sich weniger allein und mehr verbunden.

Mit jedem Gespräch, das er führte, und jedem Wort, das er wählte, baute Samuel ein neues Fundament für sein Leben. Er lernte, dass Worte nicht nur Werkzeuge zur Kommunikation sind, sondern auch Mittel zur Selbstentdeckung und -heilung. Er begann, die Bedeutung von Vergebung zu verstehen – nicht nur gegenüber seinem Vater, sondern auch sich selbst. "Ich verzeihe dir", flüsterte er eines Nachts in sein Tagebuch, während er über seine eigenen Fehler nachdachte. Diese Worte wurden zu einem Mantra, das ihn auf seinem Weg zur Heilung begleitete.

Die Herausforderungen blieben, doch Samuel fühlte sich stärker. Rückschläge, Wutanfälle und Tränen waren Teil seines Prozesses, aber sie überwältigten ihn nicht mehr. Er wusste, dass er nicht allein war. Die Unterstützung von Dr. Henderson, die Verbindung zu seiner Mutter und die Kraft der Worte halfen ihm, weiterzumachen.

In den kommenden Kapiteln wird Samuel lernen, wie er die Lektionen, die er aus seinen Erfahrungen gezogen hat, in die Praxis umsetzen kann. Wie kann er die neu gewonnene Stärke nutzen, um seine Träume zu verwirklichen? Welche Strategien wird er entwickeln, um mit den Herausforderungen des Lebens umzugehen? Die Antworten darauf werden ihn auf seinem Weg nach Harvard begleiten und ihm helfen, die Zukunft zu gestalten, die er sich wünscht.

Die Kraft der Worte wird weiterhin eine zentrale Rolle in Samuels Leben spielen, während er sich aufmacht, ein neues Kapitel zu beginnen.

18.3 Ein neues Kapitel beginnen

Samuel hat auf seinem Weg zur Heilung viel gelernt. Die Worte, die er anfangs fürchtete, sind zu seinen größten Verbündeten geworden. In den vorherigen Kapiteln haben wir gesehen, wie er in der Stille seines Schmerzes gefangen war, unfähig, sich zu öffnen oder seine Gefühle auszudrücken. Doch mit Dr. Hendersons Unterstützung hat er begonnen, die Mauern um sein Herz abzubauen und die Bedeutung von Kommunikation zu erkennen.

Die Therapie hat Samuel nicht nur gelehrt, seine Gedanken und Emotionen klar zu artikulieren, sondern auch, wie wichtig es ist, sich selbst zu vergeben. Vergebung ist ein zentrales Thema in Samuels Reise. Sie ist nicht nur eine Geste gegenüber anderen, sondern auch ein Akt der Selbstliebe. Indem er lernt, sich selbst zu verzeihen, öffnet er die Tür zu einem neuen Kapitel in seinem Leben, das von Hoffnung und Neuanfang geprägt ist.

Ein entscheidender Moment in dieser Phase seiner Heilung war die Erkenntnis, dass Worte Macht besitzen. Sie können verletzen, aber sie können auch heilen. Samuel hat erfahren, dass das Ausdrücken seiner Gedanken und Gefühle nicht nur seine eigene Last erleichtert, sondern auch die Beziehung zu seiner Mutter verbessert hat. Ihre Gespräche, die einst von Missverständnissen geprägt waren, beginnen nun, von Verständnis und Mitgefühl getragen zu werden. Dies verdeutlicht, wie wichtig es ist, Brücken zu bauen, anstatt Mauern zu errichten.

Die Rückkehr zum Schachspiel hat Samuel zudem eine neue Perspektive auf sein Leben eröffnet. Jedes Spiel wird zur Metapher für die Herausforderungen, die er bewältigen muss. Er lernt, strategisch zu denken, Entscheidungen zu treffen und die Konsequenzen seiner Züge zu akzeptieren. Diese Lektionen beschränken sich nicht nur auf das Schachbrett; sie übertragen sich auf sein tägliches Leben. Samuel beginnt zu begreifen, dass er die Kontrolle über seine Zukunft hat und die Züge machen kann, die ihn näher zu seinen Zielen bringen.

Ein weiterer wichtiger Aspekt seiner Heilung ist die Auseinandersetzung mit der Trauer um seinen Vater. Samuel hat gelernt, dass Trauer ein unvermeidlicher Teil des Lebens ist, den man nicht ignorieren kann. Stattdessen muss man ihn annehmen und ihm Raum geben. Diese Akzeptanz hat ihm geholfen, die Erinnerungen an seinen Vater nicht als Quelle des Schmerzes, sondern als Teil seiner Identität zu betrachten. Die Liebe, die sein Vater ihm gegeben hat, bleibt lebendig, und Samuel erkennt, dass er diese Liebe in seinem eigenen Leben weitertragen kann.

In den letzten Wochen hat Samuel kleine Schritte nach vorne gemacht. Er hat begonnen, neue Freundschaften zu schließen und alte Beziehungen zu pflegen. Diese sozialen Bindungen sind entscheidend für seine Heilung. Studien zeigen, dass soziale Unterstützung einen positiven Einfluss auf die psychische Gesundheit hat (Cohen & Wills, 1985). Indem er sich öffnet und mit anderen verbindet, stärkt er nicht nur sein eigenes Wohlbefinden, sondern auch das seiner Mitmenschen.

Ein Blick in die Zukunft zeigt, dass Samuel bereit ist, neue Herausforderungen anzunehmen. Er hat seine Träume neu definiert und plant aktiv seinen Weg nach Harvard. Diese Ambitionen sind nicht mehr bloße Fluchtgedanken, sondern realistische Ziele, die er mit Entschlossenheit verfolgt. Samuel hat erkannt, dass der Weg dorthin nicht einfach sein wird, aber er ist bereit, die Anstrengungen auf sich zu nehmen.

Die Kraft der Worte hat Samuel nicht nur auf seinem Weg zur Heilung unterstützt, sondern wird auch weiterhin eine zentrale Rolle in seinem Leben spielen. Er hat gelernt, dass es in Ordnung ist, verletzlich zu sein, und dass es Stärke erfordert, sich zu öffnen und die eigenen Gefühle zu teilen. Diese Erkenntnis wird ihn begleiten, während er in sein neues Kapitel aufbricht.

Zusammenfassend lässt sich sagen, dass Samuels Weg zurück nicht nur eine Geschichte über Verlust und Schmerz ist, sondern auch über Wachstum und Resilienz. Er hat die Fähigkeit gefunden, trotz der Widrigkeiten weiterzugehen, und hat die Kraft der Worte als Werkzeug zur Heilung entdeckt. Während er sich auf die nächste Phase seines Lebens vorbereitet, bleibt die Frage: Wie wird er die Lektionen, die er gelernt hat, in seinem neuen Kapitel anwenden? Die Antwort liegt in seiner Bereitschaft, weiterhin zu lernen, zu wachsen und sich selbst treu zu bleiben.

Referenzen

- American Psychological Association. (2021). "The Impact of Grief on Adolescents."
- Schäfer, M. (2022). "Trauma und Resilienz: Wie Jugendliche mit Verlust umgehen." Verlag für Sozialwissenschaften.
- National Institute of Mental Health. (2023). "Coping with Grief and Loss."
- Hoffmann, J. (2020). "Schach als Therapie: Die heilende Kraft des Spiels." Springer Verlag.
- Wagner, T. (2021). "Die Bedeutung von Kommunikation in der Trauerbewältigung." Psychologie Heute, 48(3), 34-39.
- Friedman, R. (2022). "Understanding Adolescent Grief: A Guide for Parents." Routledge.
- World Health Organization. (2021). "Mental Health and Substance Use: Grief and Loss."
- Schmidt, L. (2023). "Die Rolle von Therapeuten in der Trauerarbeit mit Jugendlichen." Journal für Kinder- und Jugendpsychotherapie, 15(1), 12-25.
- Gonzalez, A. (2022). "Chess as a Therapeutic Tool for Emotional Healing." Journal of Play Therapy, 35(2), 45-58.
- Becker, S. (2021). "Verlust und Trauer: Ein Ratgeber für Jugendliche." Beltz Verlag.

In „Samuels Weg zurück" wird die bewegende Geschichte eines jungen Mannes erzählt, der durch den plötzlichen Verlust seines Vaters aus der Bahn geworfen wird. Samuel war stets ein unauffälliger Schüler mit großen Träumen, doch nach dem Tod seines Vaters verliert er den Halt in seinem Leben. Seine innere Welt zerfällt, und die Wut sowie Trauer übermannen ihn. Während seine Mutter verzweifelt versucht, zu ihm durchzudringen, scheinen ihre Worte an seiner Mauer aus Schmerz abzuprallen. Die Schule bemerkt seinen Rückgang und spricht von Disziplinlosigkeit, während Samuel sich immer weiter in eine Abwärtsspirale begibt. Ein impulsiver Moment führt dazu, dass er ein iPhone stiehlt – eine Handlung, die für ihn selbst keinen Sinn ergibt. Als er erwischt wird und vor der Polizei steht, scheint seine Zukunft gefährdet. Doch statt einer Strafe erhält er die Möglichkeit zur Therapie: zehn Stunden, um über sich selbst zu sprechen. Doch Samuel bleibt stumm. Die Wende kommt mit Dr. Henderson, einem Therapeuten, der nicht fragt, sondern ihm ein Schachbrett anbietet. „Du musst nicht reden", sagt Henderson und fordert Samuel auf zu spielen. Zug um Zug beginnt Samuel wieder zu fühlen und entdeckt einen Raum in sich selbst, den er längst verschlossen glaubte. Durch das Spiel erfährt er auch von Hendersons eigenem Verlust – seiner Tochter Emily – was eine Verbindung zwischen ihnen schafft. Während dieser therapeutischen Reise erkennt Samuel schließlich die Wahrheit über seinen Vater: dessen Krebsdiagnose und das Schweigen aus Liebe als Schutzmechanismus für ihn. Der Weg zurück ist steinig und geprägt von Rückschlägen sowie Hoffnungsschimmern. Es sind oft kleine Gesten – wie eine Partie Schach oder ein ehrliches Wort – die heilen können.

Verlag: BoD · Books on Demand GmbH, Überseering 33,
22297 Hamburg, bod@bod.de
Druck: Libri Plureos GmbH, Friedensallee 273,
22763 Hamburg
ISBN: 978-3-7693-5293-1